www.tredition.de

Frohe Weihnachten und ein großartiges 2021 :-)

Rainer

Meiner Besten.

Denn du bist meine Heimat,

meine Stärke,

mein Rückgrat & mein tiefster Glauben.

leona kringe

heimatnomadin.potentials
von wurzeln, pfaden & flügeln.

potentiale entdecken, entfalten, erleben.

www.tredition.de

© 2019 Leona Kringe (heimatnomadin.potentials)

Autor: Leona Kringe

Verlag und Druck: tredition GmbH, Hamburg

ISBN
Paperback: 978-3-7482-4016-7
Hardcover: 978-3-7482-4017-4
e-Book: 978-3-7482-4018-1

Das Werk, einschließlich seiner Teile, ist urheberrechtlich geschützt. Jede Verwertung ist ohne Zustimmung des Verlages und des Autors unzulässig. Dies gilt insbesondere für die elektronische oder sonstige Vervielfältigung, Übersetzung, Verbreitung und öffentliche Zugänglichmachung.

Bibliografische Information der Deutschen Nationalbibliothek:
Die Deutsche Nationalbibliothek verzeichnet diese Publikation in der Deutschen Nationalbibliografie; detaillierte bibliografische Daten sind im Internet über http://dnb.d-nb.de abrufbar.

Epilog *7*

Selbstachtung – der erste Schritt zur Selbstverwirklichung *12*

Selbstmitgefühl *20*

Selbstglaube *28*

Der Wille zur Selbstverwirklichung *40*

Selbstverantwortung *52*

Selbstkenntnis *61*

Selbststärkung *72*

Das Leben passieren lassen *81*

Selbstwert – von Lebensträumen & Lebenskompromissen *90*

Selbstvergänglichkeit *100*

Eine Geschichte der Willensstärke *106*

Selbstvielfalt *128*

Selbsterkenntnis *138*

So perfekt unperfekt *146*

Selbstwahrheit *152*

Selbstbefreiung *164*

Losgelassenheit – Abschied nehmen *172*

Epilog.

*Das Leben ist zu kostbar,
um es auf fremden Pfaden zu verfolgen.
Es gibt nun mal nur den einen, richtigen Weg
– und das ist unser eigener.*

Lange Zeit hatte ich das Gefühl,
mich auf dem Pfad eines anderen zu befinden.
Lange Zeit hatte ich das Gefühl, dass mein Weg immer
steiniger und wurzeliger wurde, je mehr ich mich
abmühte und anstrengte.
Lange Zeit wusste ich nicht,
in welche Richtung dieser Pfad eigentlich führen sollte.
Bis ich begann, dieses Gefühl zu hinterfragen
– und somit lernte, wie ich wieder
meinem eigenen Lebensweg hin zu einem selbstbestimmten
und erfülltem Leben folgen konnte.

Es kostet Mut, zu erkennen, dass man sein eigenes Leben gar nicht wirklich selbstständig lebt. Es kostet Mut und Anstrengung, sein Leben eigenständig in die Hände zu nehmen und für sein wahres Ich voll und ganz einzustehen.

Wir blicken fortlaufend bewundernd auf all jene Personen, die dies schon geschafft haben und die uns vorleben, wie wertvoll und erfüllend es sein kann, wenn man sein Leben selbstgestalterisch auskostet und voll und ganz darin aufgeht. Wir bewundern diese Menschen – und wir träumen. Wir träumen davon, es ihnen gleichzutun. Manche von uns träumen dann - und machen. Und manche von uns träumen – und verzagen. Manche verzagen und verharren auf ewig - aus Angst, ihr wahres Ich zu entdecken und voll und ganz für sich selbst einzustehen.

Wie viele unentdeckte Potentiale mögen in all diesen Menschen wohl noch schlummern? Wie viele unentdeckte Träume, Visionen, Ziele und Pfade gibt es in ihnen noch zu entdecken?

Wir alle sind so voller Potentiale und es ist unglaublich spannend, wie vielfältig sich diese in jedem Einzelnen von uns offenbaren können. Jeder Mensch ist in sich so einzigartig wie wertvoll – und es ist eines meiner größten Anliegen, jedem Menschen diese Tatsache wieder klarer, bewusster zu machen und ihm bei der Findung und Auslebung seiner Potentiale, Talente und Ressourcen bestmöglich zu unterstützen und zu fördern. Aus diesem Anliegen heraus ist nicht nur mein Blog entstanden, sondern nun auch endlich mein erstes Buch erschienen, das alle, die sich endlich auf ihren eigenen Lebenspfad begeben möchten, als kleiner Begleiter und Mutmacher beistehen und als inspirierende Kraftquelle unterstützen soll.

⌈Dieses Buch ist somit für all jene, die mehr von ihrem Leben wollen. Für all jene, die neugierig sind auf sich selbst, auf ihre unentdeckten Potentiale, ihre wahren Ziele. Für alle, die das Gefühl haben, nicht mehr auf ihrem eigenen Pfad des Lebens unterwegs zu sein und die sich fragen, wie sie wieder auf diesen zurück finden. Für alle, die noch ein bisschen mehr Mut brauchen. Nicht immer, aber auch mal hin und wieder. Ich wünsche dir, dass du in meinen Worten Impulse sowie kleine Wegweiser und Denkanstöße für dich & deinen Lebensweg findest - sie sollen dir als Stütze dienen, niemals als purer Ratschlag. Denn nur wenn es für dich passt, wird es tiefer. Nur wenn es für dich passt, wird es nachhaltig, erfüllend & wahr. ⌋

⌈Nimm dieses Buch in die Hand, wann immer dir danach ist. Es gibt keine starre Ordnung, kein komplettes „Aufeinanderaufbauen" der Thematik – lass dich einfach leiten von dem, was du gerade brauchst.

Jedes Thema endet mit einem „reflections – minds & thoughts"- Abschnitt, den ich für deine Gedanken, Impulse & Reflektionen frei gelassen habe, damit du mit diesem Buch auch gleich schon ein wenig an und mit dir arbeiten kannst. Dein Stift ist also herzlich mit eingeladen, an diesem Buch teilzuhaben.⌋

Denn unsere Suche
nach dem inneren Glück
beginnt nicht damit,
es mit der Außenwelt zu vergleichen
oder es dort zu suchen.
Die Suche beginnt
zu allererst
tief in uns selbst.

> Es ist für all jene,
> die nicht mehr
> nur noch träumen wollen.
> Für alle jene,
> die endlich
> wirklich leben wollen.

Selbstachtung –

der erste Schritt zur Selbstverwirklichung.

„Ich gebe endlich

– und das wahrscheinlich

zum ersten Mal

bewusst in meinem Leben –

auf mich Acht."

Wir können uns nur dann selbst verwirklichen, wenn wir lernen, uns selbst zutiefst zu achten. Stattdessen neigen wir oftmals permanent dazu, uns selbst und unsere Bedürfnisse allen anderen unterzuordnen. Egal ob es aus Harmoniebedürftigkeit, mangelndem Selbstvertrauen oder der Angst vor der Einsamkeit heraus entsteht – oftmals lassen wir uns selbst viel zu kurz kommen.

Wir denken, dass dies der wahre Weg ist. Wir haben gelernt, dass dies meist der Weg des geringsten Widerstandes ist und gehen diesen wie automatisiert. Doch je mehr wir es verlernen, uns und unser Leben zu achten, desto mehr wird uns dieses Leben aus den Fingern gleiten und desto weniger werden wir dazu imstande sein, es nach unseren Wünschen und Bedürfnissen selbst zu gestalten. Selbstachtung hat nichts mit Egoismus zu tun, auch wenn es sich zu Beginn vermeintlich so anfühlen mag. Wer achtsam mit sich selbst in Kontakt ist, wird auch aufrichtig Kraft und Achtsamkeit für die Bedürfnisse seiner Mitmenschen aufbringen können.

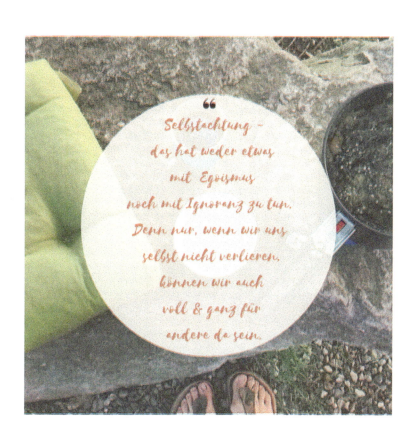

Mehr noch, man wird den Kontakt mit anderen selbstlos halten können – denn man kann geben, statt nur nehmen zu wollen. Wir können geben, ohne eine Gegenleistung zu erwarten. Wenn wir prinzipiell unabhängig von anderen Menschen sind und deren Gegenwart zu unserer eigenen Zufriedenheit nicht benötigen, so werden wir freier im Umgang mit diesen Menschen werden.

Wir werden ihre Präsenz um ihrer selbst willen genießen können und nicht, weil wir sie für unser eigenes Wohl brauchen und uns dadurch abhängig von ihnen machen.

Selbstachtung kann viele Facetten im Alltag annehmen. Kleine Schritte hin zu einer besseren Selbstachtung beginnen vor allem mit einem: sich Zeit zu nehmen für sich selbst! Nur so kann man sich die Möglichkeit geben, wieder aktiv auf seine innere Stimme zu hören und von ihr zu lernen.

Gehen wir mit uns um wie mit einem guten Freund.

Besser noch, wie mit unserem besten Freund oder unserer besten Freundin. Schenken wir uns genau die Portion Achtsamkeit, die wir auch einer geliebten Person entgegen bringen würden - egal unter welchen Umständen wir uns gerade befinden mögen.

Hören wir uns zu, fühlen und fragen bei Unstimmigkeiten und schlechten Gefühlen nach und lassen wir uns einfach mal uns selbst sein. Lassen wir uns genauso sein, wie wir nun mal sind. Ohne uns permanent zu hinterfragen, zu vergleichen oder Kritik an uns selbst zu üben.

⌜Als kleine Hilfestellung:

Stell dir vor, du sitzt dir, als deinem besten Freund, gegenüber.

Was wolltest du dir als deinem besten Freund schon immer mal mitteilen? Hast du dir in letzter Zeit Sorgen um ihn gemacht und wenn ja, welche waren das und wie kam es dazu, was war der Auslöser? Hattest du das Gefühl, dass etwas in letzter Zeit nicht in Ordnung war mit ihm - und wenn ja, was denkst du, woran dies gelegen haben könnte?

Nimm dir Zeit für deine eigenen Anliegen. Hör dir zu, unterbrich dich nicht und werte deine Gefühle und Gedanken nicht ab. Jedes Gefühl und jeder Gedanke haben ihren Grund – und sie sind es wert, rausgelassen und gehört zu werden, damit du dich mit ihnen beschäftigen kannst. Denn nur, wenn du mit ihnen interagierst, wirst du auch fähig sein, eine Lösung für dein Problem oder deinen Ausweg aus deiner Krise zu finden. ⌟

⌈Es ist besonders effektiv, wenn du all diese Dinge auf einem weißen Blatt Papier notierst. Schreib alles auf, was dich beschäftigt. Setze dich damit auseinander. Bewerte es nicht, sondern beobachte es einfach. Gib Acht darauf, was sich dabei entwickelt. Verzweifle nicht daran und halte dir vor Augen, dass du nicht deine Gefühle bist. Sie sind zwar ein Teil von dir, aber bei weitem nicht alles. Daher beobachte sie, nehme sie wahr und nehme jeden Zustand einfach zunächst so hin, wie er genau jetzt, in diesem Moment, ist.

Wiederhole diese kleine Hilfestellung so oft wie möglich. Mir helfen bei solchen Dingen feste Zeiten. Routinen geben mir Halt und Struktur, damit ich nichts schleifen lasse und unachtsam werde. Schaffe dir deine eigenen Zeitfenster für deine Momente der Selbstachtung.

Mit etwas Übung wirst du feststellen, dass sich deine Selbstachtung immer leichter auch in deinen Alltag integrieren lässt. Du wirst lernen, dir selbst jederzeit besser zuzuhören. Dies ist vor allem in schwierigen und stressigen Alltagssituationen mehr als nützlich und hilfreich.⌋

„Zu erkennen,

dass man immer noch

sein eigener Kapitän ist,

war eine immense Erleichterung.

Plötzlich gab es so einen Flow,

der jetzt schon länger besteht

und immer noch anhält.

Es ist das Gefühl, das man hat,

wenn man aus freien Stücken

für etwas arbeitet und sich selbst

immer wieder dazu motiviert,

etwas wachsen zu lassen,

zu erschaffen

& dabei in jeder Minute

das Gewissen hat,

das alles wirklich für sich selbst zu machen."

[reflections – minds & thoughts]

[reflections – minds & thoughts]

Selbstmitgefühl.

Neben der Selbstachtung ist es grundlegend, Selbstmitgefühl zu entwickeln. Ein gestärktes Selbstmitgefühl hilft uns in schwierigen Situationen, Verständnis für unsere Gefühle zu entwickeln und diese im Folgenden besser akzeptieren und ertragen zu können.

Wir neigen dazu, uns für unsere Schwächen bestrafen zu wollen und sind oft ungnädig mit uns, wenn wir uns selbst bewerten und beurteilen. Mehr noch - wir neigen dazu, uns selbst förmlich zu verurteilen, anstatt uns eine gewisse Selbstempathie entgegen zu bringen. Als von Natur aus ehrgeiziger und disziplinierter Mensch ist mein größter innerer Antreiber der permanente Gedanke:

„Sei perfekt".

Dieser spricht tagtäglich zu mir und spornt mich zu Höchstleistungen und all meiner persönlichen Weiterentwicklung an. Gebe ich auf diesen inneren Antreiber allerdings nicht ausreichend Acht, so kann er sich auch schnell als schädlich gestalten, indem er nämlich immer extremere Ausmaße annimmt und ein zur Ruhe kommen meinerseits kaum mehr zulässt - oder es, wenn ich es dann doch zulassen sollte, negativ bewertet und mich schlecht fühlen lässt. So beginnt ein Teufelskreis aus dem immer fortwährenden Funktionieren-Müssen und einem ständigen Gefühl, einfach nur noch gelebt zu werden. Wenn wir merken, dass wir an gewissen Punkten in unserem Leben an unsere Grenzen stoßen und einfach nicht mehr weiter funktionieren können wie bisher, ist es notwendig, Mitgefühl für uns selber entwickeln zu können.

Von außen betrachtet
ist es eigentlich ein Irrsinn,
sich selbst
dafür fertig zu machen,
wenn man eigene, selbst erschaffene Pläne
nicht gleich erfüllen kann.
Stehen wir doch schon
im Alltags- und Berufsleben
permanent unter Druck,
so müssen wir uns doch nicht
selbst noch so kasteien.
Trotzdem laufen wir
immer wieder in die Gefahr,
in solch ein Muster abzugleiten.
Und nehmen uns dabei
wertvolle Lebensenergie
und verpassen
die Schönheit des Lebens an sich.

> Nimm dein Leben an –
> im Hier, im Jetzt,
> in genau diesem Augenblick.
> Es kostet dich nichts.
> Nur ein bisschen Mut –
> & schenkt dir dann
> das pure Leben!

Es bringt also nichts, uns selbst durch demotivierende und negative Handlungs- und Denkweisen noch tiefer in unsere vermeintliche Schwäche hineinzusteigern. Haben wir durch eine gestärkte Selbstachtung eine für uns schwierige Situation erkannt, ist der nächste Schritt hier die Entwicklung und Stabilisierung eines gesunden Selbstmitgefühls. Wir gestehen uns die Situation ein und akzeptieren die Lage erstmal so, wie sie ist. Wir lassen sie zu und nehmen unsere Gefühle dazu an.

Wir bewerten sie nicht und reden uns gut zu. Werden unsere inneren Stimmen lauter und negativer, so hilft es, Gegenstimmen für diese zu entwickeln und diese aktiv und bewusst zu stärken. Aus einem „Das war doch klar, dass ich dies mal wieder nicht geschafft habe!" wird ein „Es ist okay, dass es diesmal nicht geklappt hat. Beim nächsten Mal klappt es ganz bestimmt!".

Aus einem „Du musst jetzt aber!" wird ein „Du musst in deiner Situation gerade erstmal gar nichts!". Haben wir den Mut, gut zu uns selbst zu sein. Genauso wenig wie es funktioniert, unsere Mitmenschen durch Druck dazu zu bringen, uns zu folgen, genauso wenig werden wir uns selbst dauerhaft dazu bringen können, durch Druck einfach immer weiter zu funktionieren.

Dies wird vielleicht eine geraume Zeit lang gut gehen – doch ist diese absehbar und mündet schnell in Erkrankungen wie Burnout, Depressionen oder weiteren psychischen Beschwerden und Krankheitsbildern.

Die Erkenntnis, dass wir nicht vom Mitgefühl anderer abhängig sein müssen, wenn wir selbst fähig sind, uns das notwendige Mitgefühl zu spenden, macht uns frei.

Es macht uns unabhängig von den Reaktionen und Handlungen anderer bezüglich unserer Situation. Wie oft warten wir vergeblich lange darauf, bis uns jemand Mitgefühl schenkt. Wie oft warten wir vergeblich auf Trost spendende Worte, auf mitfühlende Fragen, auf befreiende Worte wie: „Du bist nicht alleine, ich bin bei dir - ich helfe dir!". Je länger wir darauf warten, desto einsamer und verlorener werden wir uns fühlen. Wir werden uns irgendwann fühlen wie ein verlassenes, kleines Kind.

Wir werden uns fühlen,
als würden wir den Boden unter den Füßen verlieren.

Doch dazu muss es nicht kommen!

Wie oft habe ich in schwierigen Zeiten auf jemanden gewartet und gehofft, der mir sein Mitgefühl schenkt. Der mir sagt, dass ich schwach sein darf, gerade nicht mehr stark sein muss. Der mir einen Teil der Last ganz selbstverständlich von den Schultern nimmt. In den seltensten Fällen kam dieser Jemand. Nachdem ich realisierte, dass ich dazu fähig bin, mir selbst dieses Gefühl zu geben, wurden viele Situationen leichter und unverkrampfter. Was sich vorher noch so aussichtslos anfühlte, wurde auf einmal viel klarer, leichter. Die Belastung wurde kleiner und kleiner und die kritische Zeitspanne der Hilflosigkeit, in der mein ganzes Handeln natürlich auch uneffektiv war, wurde plötzlich überraschend kurz. Denn auch wenn wir es oftmals vergessen:

Wir können uns selbst aus der Patsche helfen!
- Jederzeit.

⌈ Als kleine Hilfestellung:

Angenommen, du befindest dich gerade in einer schwierigen Situation, haderst mit einem schlechten Gefühl und dem Fakt, dass es dir gerade nicht gut geht. Stell dir vor, dass eine dir nahe stehende Person für dich da ist und mit dir spricht.

Was sagt sie zu dir? Wie hört sie dir zu, wie unterstützt sie dich am besten? Welche Ansprache tut dir genau in diesem Moment wirklich gut?

Beginne, die Sätze aufzuschreiben und finde heraus, was dir in diesen Momenten wirklich Kraft schenkt. Welche Sätze machen dir gerade hingegen Angst, welche würdest du in keinem Fall hören wollen?

Oft sind letztere leider genau die Sätze, die wir uns selbst in unserem Inneren immer wieder vordiktieren und die uns keinesfalls weiterbringen - mehr noch, die wir auch eigentlich ziemlich fürchten zu hören. Schlimmstenfalls verschärfen diese unsere ohnehin schon kritische Situation nur noch weiter.

Notier dir auch diese Sätze und übe dich darin, sie aus deinem inneren Stimmenkomplex zu verbannen! Achte täglich darauf und trainiere deine Umgehensweise mit dir selbst – sag früh genug Stopp, wenn du bemerkst, dass du wieder in diese destruktiven Kommunikationsmuster verfällst. ⌋

[reflections - minds & thoughts]

[reflections – minds & thoughts]

Selbstglaube.

Der Glaube an sich selbst versetzt Berge.

An uns zu glauben, unabhängig davon, ob andere dies auch tun, fällt uns unwahrscheinlich schwer. Wir machen uns oftmals abhängig von der Reaktion der anderen, davon, dass uns Mut zugesprochen wird und wir uns vermeintlich sicher fühlen.

Wie viele nicht realisierte Ziele, Ideen und Visionen gehen wohl durch einen Mangel an Selbstglauben verloren?

Wie viele von uns werden durch dieses Verhalten immer wieder aufs Neue dazu tendieren, ihre eigenen Träume schon im Entstehen klein zu reden, weil sie einfach nicht aus tiefstem Herzen selbst daran glauben, dass sie diese auch tatsächlich realisieren können?

Erfahren wir von außen einen Glauben an uns selbst, indem Leute uns beispielsweise durch Komplimente und positives Zureden beeinflussen, fällt es uns ausgesprochen leichter, unsere Ideen und Wünsche auch wirklich durchzusetzen. Wir fühlen uns angespornt. Unsere Ziele erscheinen uns dadurch plötzlich viel mehr wert – und sinnvoller sowie weniger abwegig, als wenn wir uns selbst mit ihnen „im Stillen" befassen. Andererseits können wir durch negative Kommentare auch genauso schnell wieder von unseren Träumen abgebracht werden, anstatt mutig für sie einzustehen und zu kämpfen.

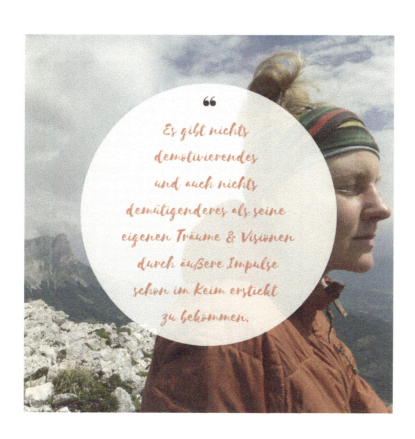

> „
> Es gibt nichts
> demotivierendes
> und auch nichts
> demütigenderes als seine
> eigenen Träume & Visionen
> durch äußere Impulse
> schon im Keim erstickt
> zu bekommen.

Es geht immer erstmal vor allem darum, unerschütterlich an sich selbst zu glauben, ungeachtet dessen, ob unser Umfeld oder der Rest der Menschheit dies auch tut. Selbstglaube kann durch Erfahrungen geschult und gestärkt werden. Zu sehen, was man bereits alles geschafft und vollendet hat im Leben, kann einen darin stabilisieren, auch auf seinem weiteren Lebensweg niemals den Glauben an sich und all seine Träume zu verlieren.

Dennoch kann der Anfang, zutiefst an sich zu glauben, erstmal schwer sein – vor allem dann, wenn es einem vermeintlich an solchen Erfahrungen mangelt. Vergleichen wir uns mit anderen, so erscheint es uns oftmals so, als wenn wir im Leben bisher nichts wirklich Nennenswertes zustande gebracht hätten.

Unsere eigenen Leistungen erscheinen uns als selbstverständlich und normal. Bewältigte Krisen sind „quasi mit links einfach so bewältigt worden", und unsere bisherige Lebenslinie erscheint uns relativ unspektakulär. Im Austausch mit anderen merken wir jedoch oftmals, dass unser Leben, unsere Stärken und all unsere erreichten Ziele vielleicht doch gar nicht so unbedeutend sind, wie wir es immer gedacht haben.

Was uns wie selbstverständlich erscheint, vermag für andere eine riesige Leistung zu sein. Unsere Vergangenheit und unser bisheriges Handeln wertzuschätzen und zu respektieren, hilft uns dabei, den Erfahrungsschatz aus unserer Lebenslinie zu erweitern und somit die Grundlage für unseren Selbstglauben zu stärken.

⌜Als kleine Hilfestellung:

Schau zurück auf dein Leben und suche nach Situationen, Ereignissen, Krisen oder erinnere dich auch an bereits erreichte Ziele und an verwirklichte Träume. Notiere alles, was dir einfällt und was dir wichtig ist. Alles!

Bewerte oder werte nichts davon ab – alles was dir spontan einfällt, liegt dir in deinem Inneren nämlich tatsächlich am Herzen und erfüllt dich von innen heraus. Alles zählt, egal ob es große oder kleine Ereignisse, Ziele und Träume waren.

Je länger die Liste wird, desto mehr erkennst du vielleicht schon beim Schreiben, dass dein Leben vielleicht doch nicht so unspektakulär ist, wie du zuvor vielleicht noch gedacht hast.

Du erkennst, dass du tatsächlich schon einiges auf die Beine gestellt bekommen hast. Mit dieser Liste vor Augen setze dich an dein neues Ziel. Erinnere dich, was schon war und schaue dorthin, wo du noch hinwillst. Betrachte diese Liste als eine Stütze hinter dir, wie ein gestärktes Rückgrat, das dich bei der Verwirklichung deines neuen Ziels stützt und aufrecht hält. Wenn du hinschaust, was du schon alles erreicht hast, dann wirst du erkennen, dass du auch weiterhin auf deine Fähigkeiten bauen kannst. Diese Liste – sie wird kein Ende nehmen. Sie wird fortlaufend weiter von dir gefüllt werden können – mit allen neuen, erreichten Zielen, erfüllten Träumen, gemeisterten Krisen. Sie kann wachsen – ebenso, wie auch du immer weiter wachsen kannst.

Man mag es nicht deutlich sehen, aber auch ich neige stark dazu, nicht genügend an meinem Selbstglauben festzuhalten. Als ein Freigeist, der zwar meist viele Ideen und Ziele hat, fällt es mir oft schwer, an die realisierbare Zielerreichung zu glauben.⌟

⌜Selbstzweifel & mangelnder Selbstglaube haben mich in der Vergangenheit leider oft davon abgehalten, meinen eigenen Weg zu gehen. Es hat Kraft gekostet, daran zu arbeiten, denn es bedeutete, sich endlich von den Meinungen anderer frei und unabhängig zu machen und konsequent und jederzeit für seinen eigenen Traum einzustehen und zu kämpfen. Wenn man sich jedoch in der Vergangenheit oft nach anderen gerichtet und sich angepasst hat, fällt es uns zu Beginn erstmal schwer, dieses Muster zu durchbrechen. Viele Dinge brauchen Zeit, um sich zu entwickeln und so brauchen auch viele unserer Träume einfach Zeit, bis wir sie verwirklicht haben. Auf dem Weg dorthin wird es immer wieder Durststrecken geben, die uns zweifeln und den Glauben an uns selbst verlieren lassen. Das ist okay so – doch dürfen diese uns niemals davon abhalten, unseren Weg immer weiter zu gehen.⌟

Wie oft bin ich

selbst schon meinen Weg gegangen –

begleitet von Zweifeln und Widersprüchen

aus der Außenwelt,

gespickt mit Unverständnis und einem herben

„Wie stellst du dir das vor?" – Tenor,

belastet mit Sorgen um die richtige Entscheidung.

Und wie oft habe ich dennoch

einfach immer wieder gelernt,

dass es zutiefst richtig war,

diesen Weg zu gehen.

Dass kein Zweifel und keine Sorgen

sich bestätigt haben.

Dass es einfach mein Weg war.

Und allein dieser Grund

schon Grund genug dafür war,

um ihn weiter zu gehen.

Koste es was es wolle.

Geben wir darauf Acht, dass wir unseren Selbstglauben
niemals verlieren!
Denn Veränderung ist ein Prozess.
Ein Prozess,
der sich entwickeln muss,
der Fortschritte und Rückfälle
gleichermaßen beinhaltet.
Ein Prozess,
in dem man auch mal stagnieren darf.
In dem man stagniert und dabei lernen muss,
die Veränderung dennoch nicht aus den
Augen zu verlieren und stattdessen
das Innehalten zu nutzen, um weitere Energie
und wichtige Erkenntnisse
über den bisherigen Entwicklungsprozess
zu sammeln.

⌈Erkenne früh genug, wenn dein Selbstglaube zu bröckeln beginnt. Halte dir deine Lebenslinie immer vor Augen. Notiere dir selbst kleinste Meilensteine, die du auf dem Weg zum Ziel bereits erreicht hast – sie helfen dir dabei, nicht zu vergessen, was schon alles hinter dir liegt und dass du immer noch auf deinem Weg bist – auch wenn es sich vielleicht gerade für dich nur noch nach Stillstand anfühlt.

Lernen wir, den Stillstand in einem Prozess hin zum Ziel für uns zu gewinnen, statt in ihm wertvolle Energie durch Selbstzweifel zu verlieren.

Denn Stillstände schaffen uns Raum und Zeit zum Erholen, zum Innehalten, zum Reflektieren und zum anschließenden motivierten Weitermachen. Wenn wir in diese Richtung umdenken können, so können wir auch unseren Selbstglaube an unser Ziel besser schützen, anstatt uns immer wieder aufs Neue von uns selbst demotivieren zu lassen.⌋

Jeden Menschen treibt etwas an.

Jeder Mensch

hat seine eigenen

Ziele,

Wünsche,

Vorstellungen

vom Leben.

Und jedem Menschen

wünsche ich von Herzen,

dass er diese,

wann immer es ihm möglich ist,

in seinem Leben auch wirklich

umsetzen kann.

„
Ich glaube an mich.
An mich & meine Träume,
meinen Willen,
mein Durchsetzungsvermögen,
meine Bestimmung
& meinen Pfad des Lebens,
den ich unermüdlich weiter
gehen werde.

[reflections – minds & thoughts]

[reflections – minds & thoughts]

Der Wille zur Selbstverwirklichung.

⌈Wer schreibt uns denn eigentlich vor, dass wir uns tagtäglich mit all den Verpflichtungen, die uns das Leben scheinbar bietet, geißeln müssen?

Wer hat erfunden, dass wir tagtäglich unser Leben damit zubringen müssen, uns einem teils aufgezwungenen Alltag zu unterwerfen? Wer glaubt, dass sich die gesamte Menschheit in ein einziges, starres Muster pressen lässt?

Wer sich so gegeißelt und fremdbestimmt fühlt, schaut oft bewundernd auf zu jenen, die es schaffen, ihr Leben abseits aller Normen, Regeln sowie gesellschaftlichen Verpflichtungen und Vorgaben zu gestalten. Es scheint eine Art Heldentum voll von Mut zu sein, sich gegen all diese Dinge aufzulehnen und sich von ihnen befreien zu können. Diese Ausnahmen erscheinen wie schier unmöglich und selten - wie etwas, dass man selbst niemals im Leben erreichen kann.⌋

„
Nur,
weil wir immer so
funktioniert haben,
heißt das nicht,
das wir dies
auch weiterhin
tun müssen.

⌜Denn diese Ausnahmen sind prinzipiell keine Ausnahmen. Sie sind lediglich Ausdruck und Ergebnis der Lebensweise jener Menschen, die es auf ihrem Weg geschafft haben, konsequent für sich selbst einzustehen. Die ihre Erkenntnis, dass ihr Leben nicht den Vorgaben anderer folgen soll und muss, ausleben und immer wieder aufs Neue verwirklichen.

Es ist bei weitem nicht leicht, auf diesen Weg zu gelangen. Es gibt viele, die davon träumen. Viele, die spüren, dass ihr Alltag, ihre Welt, in der sie nur noch funktionieren, eigentlich nicht mehr ihrem wahren Sein entspricht. Viele, die wissen, dass sie ihr Leben einfach nicht voll auskosten.

Dennoch schaffen es nur wenige, dieser Intuition auch zu folgen. Denn es kostet Mut. Anstrengung. Es bedeutet, Verluste in Kauf zu nehmen. Immerhin wird nicht jeder diese Art zu denken und zu leben nachvollziehen können. Nicht jeder wird uns auf diesem Weg begleiten wollen. Nicht jeder wird uns diese Freiheit gönnen können.

Menschen vergleichen und neiden – und bringen sich damit in ihr größtes Leid. Das Festhalten an materiellen Dingen, Äußerlichkeiten und Mustern wird uns in unserer persönlichen Entwicklung jedoch immer hemmen. Darum wird es Zeit, endlich davon loszulassen. Wenn wir davon loslassen, werden wir auch erkennen, aus welchem Grund wir eigentlich daran festgehalten haben. Und wir werden auch erkennen, dass es uns im Grunde genommen an gar nichts gemangelt hat und wir getrost ohne all diese Dinge weiterleben können.⌟

Mit dem permanenten Blick auf andere,

einem ständigen Vergleichen

& einer endlosen Selbstoptimierung

riskieren wir,

unseren eigenen Fokus

sowie unser Gespür

für den eigenen Lebenssinn

aus den Augen zu verlieren.

Doch ist dieser Schatz

dafür einfach

zu kostbar.

Doch wieso verharren
alle anderen
so lange in einer Situation,
die sie davon abhält,
der eigenen, inneren Stimme auch wirklich zu folgen?

Die Antwort ist relativ simpel.

Weil es anstrengend ist.
Es Energie, Zeit und Nerven kostet.
Man immer wieder
für diesen Traum kämpfen muss,
auch wenn es
Leerlauf, Stillstand und schwierige Zeiten gibt,
in denen man
lieber wieder
den leichten Weg gehen würde:
bequem und in Sicherheit.

Man muss sich
mit Menschen konfrontieren,
die nichts von diesem Weg halten
und die versuchen,
einen in Schach zu halten.
Das ist vor allem dann belastend,
wenn es Menschen
in unserem engen Umfeld sind.
Das alles ist unangenehm
und der Mensch geht naturgemäß instinktiv
unangenehmen Dingen
lieber aus dem Weg.
Damit riskieren
wir jedoch
an unserem eigenen Leben
vorbei zu leben
und es einfach
zu verpassen.

In einem Coachingprozess prüfe ich am Ende, ob die Erkenntnis, die entwickelte Lösung meines Coachingnehmers auch wirklich für ihn ökologisch ist. Ökologisch bedeutet hier, ob seine Lösung und sein Ziel auch wirklich für all seine Lebensbereiche passend sind und die Idee auch wirklich umsetzbar ist, sowohl im Privat- als auch im Berufsleben.

Wenn wir erkennen, dass wir uns selbst in eine Situation gebracht haben, in der unsere Entscheidung, unserer Intuition und unserem wahren Selbst zu folgen, nicht ökologisch ist und wir eventuell starke Verluste im Privat- oder Berufsleben in Kauf nehmen müssen, gilt es auszumachen, welche Bedeutung diese Verluste für uns denn wirklich haben.

Was ist wirklich umsetzbar und was nicht? Wenn etwas aktuell nicht umsetzbar ist, woran liegt das und was kannst du tun, um es eines Tages realisierbar zu machen?

Es gibt radikale Umsetzungen, wie man der eigenen Intuition folgen kann (Kündigung des Jobs, Scheidung, „Aussteigen" aus dem gesellschaftlichen Leben, Auflösen des gesamten Besitz, Verkauf des Haus/der Wohnung, ecetera) und es gibt die kleineren Formen, die nach und nach aufeinander aufbauen und uns auch während unseres alltäglichen Lebens dazu bringen, nachhaltiger und selbstbestimmter und unserer Intuition folgend zu leben.

Vielleicht werden wir auch auf diesem, langsameren Weg nach und nach, vielleicht nach drei, vier oder fünf Jahren letztendlich den Mut finden, den für uns so unpassenden Job zu kündigen. Vielleicht werden wir uns erst nach 10 Jahren trauen, aus dem uns so wohlbekannten Alltag auszubrechen, um in ein neues Leben, in unser uns wirklich erträumtes Leben zu starten. Vielleicht brauchen wir einfach noch etwas mehr Vorbereitung, um uns endlich zu trauen.

⌈Es kommt nicht darauf an,
unsere Grundidee
möglichst schnell umzusetzen.
Denn oftmals muss sie erstmal reifen.
Sie ist vergleichbar mit einem Keim,
der in einem wächst
und auf den es aufzupassen gilt,
während er sich langsam
immer weiter entwickelt.
Das Sprichwort
„Gut Ding will Weile haben"
ist hier gar nicht so verkehrt
und zahlt sich aus.⌋

Denn wir wollen im Leben leben

und es nicht leben lassen.

Das können wir nur,

wenn wir dieses Leben in die eigenen Hände nehmen

und es selbst gestalten.

Es füllen

mit den eigenen Träumen,

den eigenen Ideen.

Es in die richtige Richtung vorantreiben,

ohne den Blick

nach rechts und links

abschweifen zu lassen.

Bleiben wir

mit diesem Fokus bei uns selbst,

merken wir auch immer deutlicher,

was unser

eigenes, wahres Glück

denn eigentlich ist.

[reflections – minds & thoughts]

[reflections – minds & thoughts]

Selbstverantwortung.

Wenn wir erkannt haben, dass wir unser eigenes Leben endlich in die eigenen Hände nehmen wollen und es auch können, müssen wir uns auch darüber im Klaren sein, dass wir von nun an voll und ganz allein dafür verantwortlich sind, diese Erkenntnis auch bestmöglich umzusetzen.

Wir können lange auf die Hilfestellung anderer warten oder darauf hoffen, dass sich die Dinge schon irgendwie von alleine weiter entwickeln werden – was sie meistens leider eher nicht tun.

Es ist das Eine,

sich zu entschließen,

für sich und seine Wünsche einzustehen.

Es ist aber auch das Andere,

dies wirklich in die Tat umzusetzen.

Viele von uns träumen lange von ihrem tiefsten Traum, träumen solange, bis sie irgendwann die Möglichkeit verpasst haben, ihr Leben dementsprechend zu gestalten und ihre Richtung hinzu auf diesen Traum auszurichten. Oft sind dann andere Dinge verantwortlich für dieses Dilemma:

Der Job, der Kredit, die Familiensituation, das Wetter, die Welt und ihre Umstände, die Politik, ecetera pp.

Wenn ich sage, dass ich mein Leben selbstbestimmt leben möchte, meine ich damit nicht zwingend, dass ich es einfacher haben möchte. Seine eigenen Entscheidungen zu treffen und diese und die damit verbundenen Konsequenzen dann auch voll und ganz auszuleben, ist nämlich nicht einfach. Viele von uns haben es zum einen nie gelernt, wie es ist, unabhängig von anderen ihre eigenen Entscheidungen zu fällen und viele weitere hegen zusätzlich ein tiefes Bedürfnis nach Harmonie, Beständigkeit sowie eine Abhängigkeit ihrer Wirkung auf andere Personen nach außen in sich, wodurch sie zeitlebens daran gehindert werden, sich auf ihrem Pfad des Lebens nach ihren eigenen Wegweisern fortzubewegen.

Wir tragen immer und jederzeit die Verantwortung für uns selbst – das ist ein Fakt, den wir einfach akzeptieren müssen. Das Wissen darum ist nicht leicht, denn es hindert uns daran, unsere Situation und deren Begründung auf andere abzuwälzen.

⌈Ausreden zählen nicht mehr, denn am Ende des Tages

bist du dir selbst der Nächste –

Es ist allein dein Leben, das du lebst und bestimmst.

Und dein Leben wir dir immer nur

so sinnvoll vorkommen, wie du es gestaltest.

Und es gibt keinen Grund, wieso du es nicht

in jeder Sekunde nach deinem freien Willen gestalten

und leben solltest.⌋

So wie uns beispielsweise Krafttraining mit dem eigenen Körpergewicht unsere Grenzen und Schwächen aufzeigt und uns erbarmungslos vor Augen hält, woran wir noch zu arbeiten haben, so zeigt uns auch das gelebte Gefühl der Selbstverantwortung die Bereiche auf, an denen wir noch zu knabbern haben.

Wenn wir vor Entscheidungen stehen, egal welcher Natur diese sind, versuchen wir uns aus Angst, vermeintlich falsche Entscheidungen zu treffen, aus der Verantwortung zu ziehen. Wir versuchen stattdessen, anhand von äußeren Gegebenheiten, dem Festhalten an uns lenkenden Strukturen und Vorgaben, eine Entscheidung zu fällen. So geben wir jedoch unsere Selbstverantwortung aus der Hand und laufen vor unserer Angst, wirklich selbstwirksam zu handeln und alle Konsequenzen dessen zu tragen, davon. Wir machen es uns sehr einfach damit. Manch einer wird damit gut durchs Leben gehen.

Doch – wie viele werden damit wirklich ein

erfülltes Leben leben können?

Wie viele Potentiale werden auch hier nicht ausgelebt werden, wie viele Träume werden schon im Ursprung gedeckelt werden? Denn wir laufen im Prinzip nicht nur den Konsequenzen davon, sondern auch unseren Träumen, Wünschen und Visionen. Wir laufen vor uns selbst davon. Die Situation, in der wir leben – wir haben uns doch selbst in diese hinein gebracht. Wenn wir hier wissen, dass jede Entscheidung aus unserem tiefsten Inneren kam, dann können wir unsere Situation jederzeit annehmen und akzeptieren. Jede Entscheidung, jede Richtung, jedes Handeln haben wir selbst durchgeführt. Natürlich können wir jedoch das Schicksal nicht beeinflussen. Wir können Krankheiten, Krisen und andere schlimme Dinge, die uns im Leben unvermeidlich widerfahren werden, nicht verhindern. Aber wir können entscheiden, wie wir mit diesen umgehen. Wir können uns entscheiden, ob und wie wir aus ihnen lernen wollen. Der Wille, sich nicht ganz seinem Schicksal hinzugeben, ist eine aktive Entscheidung. Es ist ein weg von „Wieso wieder ich?" hin zu „Was kann ich daraus lernen?" und „Wo liegt der Sinn für mich darin?".

Sieht man einen geliebten Menschen in einer Situation, die ihn offensichtlich belastet, die ihn einschränkt, die ihn fesselt – so wollen wir ihm helfen. Jeder von uns hat eine solche Situation schon einmal erlebt und jeder weiß, wie schwierig und emotional belastend dies sein kann. Und egal, wie sehr wir uns anstrengen, diesem geliebten Menschen zu helfen – wir müssen am Ende, schweren Herzens, immer akzeptieren, dass unsere Hilfe Grenzen hat. Dass sie Grenzen hat und nur der Betroffene selbst über diese hinauszugehen vermag – nämlich indem er seine Selbstverantwortung erkennt, umsetzt und lebt. Dass er sie erkennt und beginnt, sich seiner Selbstwirksamkeit bewusst zu werden und für sich zu sorgen. Alles, was wir hier tun können, ist, ihm auf diesem Weg ein treuer Begleiter zu sein und ihm beizustehen, wann immer er das Bedürfnis danach zu verspüren vermag.

Genau diese Situation – sie betrifft auch uns selbst:

Wir können uns bis zu einem gewissen Grad helfen und beraten lassen, können Ratschläge annehmen und auf weitere Hilfe und Wegweiser von außen warten und hoffen – doch haben all diese Hilfestellungen ihre Grenzen. Und nur wir selbst sind fähig, diese Grenzen zu überschreiten – begründet durch unsere Selbstverantwortung. Niemand anderes kann unser Leben in die Hände nehmen außer wir selbst.

⌜Niemand anderes kann uns den Weg zeigen, niemand anderes kann uns unseren eigenen Pfad ebnen. Diese Erkenntnis mag uns zu Beginn Angst machen, denn diese sich hier aufbauende Verantwortung ist schier überwältigend, wenn man sich ihre Ausmaße genau vor Augen hält.

Doch wenn wir es schaffen, diese Angst zu überwinden – folgt daraufhin unsere Befreiung - die Befreiung durch das Wissen, dass wir, egal was wir tun, jederzeit in unserer eigenen Verantwortlichkeit handeln können.

Dass wir jederzeit selbstbestimmt leben können. Dass wir die Kraft und den Mut haben, unser Leben so zu leben, wie wir es uns wünschen. Dass wir die Kraft gefunden haben, uns auch aus scheinbar ausweglosen Situationen heraus zu manövrieren.

Mit jeder Erfahrung, die uns diese Lebensweise schenkt, werden wir stärker. Stärker und ruhiger. Denn wir lernen, uns selbst durch diese Erfahrungen mehr zu vertrauen. Und dieses Vertrauen – der Glaube an uns selbst – wird Berge versetzen und unseren weiteren Weg im Leben sehr viel wertvoller und lebenswerter gestalten.⌟

[reflections – minds & thoughts]

[reflections – minds & thoughts]

„Endlich,

ich habe es geschafft.

Ich habe mich von dem getrennt,

von dem ich schon seit viel

zu langer Zeit wusste,

dass es eine Komponente

in meinem Leben war,

die nicht mehr zu mir passte,

die mich einengte

und die mir nicht mehr gut tat –

mehr noch,

die mir auf Dauer schadete

und schon viel zu lange

geschadet hat."

Selbstkenntnis.

Wir können unsere Ziele nur erreichen, wenn es auch wirklich unsere eigenen Ziele sind. Oft ertappen wir uns dabei, die Ziele anderer als unsere eigenen zu definieren, aus falschen Absichten und Beweggründen heraus.

Wenn wir eine Person sehen, die für ihr Handeln Anerkennung widerfährt und wir es ihr dann gleich tun wollen, dann geht es uns hier in erster Linie nicht um die Handlung selbst, sondern mehr um die Wirkung, die wir damit erzielen.

Diese Wirkung - nämlich die Anerkennung durch unsere Außenwelt - wird uns jedoch nur noch weiteres Leid erschaffen, denn sie wird uns weiter abhängig machen und uns innerlich immer mehr zerstreuen. Wir werden in einen endlosen Stress geraten, Ziele zu erreichen, die gar nicht unserem eigentlichen Willen und dem Verständnis von uns selbst entsprechen. Erfahren wir uns selbst - und sind wir dabei wirklich ehrlich mit uns - so fällt es uns leichter, unsere Ziele passend für uns herauszufinden und abzustecken. Der Weg hin zu einem Ziel wird umso schwieriger und anstrengender, wenn unsere Ursprungsmotivation eine komplett falsche ist und gar nicht unserem wahren Wesen entspricht. In der Ehrlichkeit mit uns selbst erfahren wir, was uns wirklich gut tut und können diese Erkenntnisse auch besser und vor allem stressfreier und authentischer leben. Hören wir auf, uns zu etwas machen zu wollen, das wir nicht sind. Wir haben immer ein Bild vor Augen, wie wir gerne wären und wie wir uns in vollster Perfektion und im Glück vorstellen. Oft realisieren wir hier jedoch nicht, dass wir dieses Bild niemals sein werden – denn es ist immer nur ein Ideal, das uns selbst und unserer Natur gar nicht entspricht. Es ist an der Zeit, diese Tatsache einfach zu akzeptieren. Zu akzeptieren, dass man gut so ist, wie man ist.

⌈Es ist Zeit zu realisieren, dass man aus seinen angeborenen Talenten und Fähigkeiten das Beste herausholen sollte, anstatt anderen Dingen nachzueifern, die einem einfach nicht in die Wiege gelegt worden sind. Es ist Zeit, sich einzugestehen, dass man sich erstmal selbst genügen darf, ohne ständig nach mehr und dem Optimum zu streben. Dies kann unglaublich befreien.

Denn anstatt ständig auf der Suche nach dem Anderen, dem Höheren, dem Mehr zu sein, beginnen wir dann endlich einfach das zu nutzen, was schon so lange da ist, was schon immer ins uns lag.

Wir müssen nicht warten, bis wir ein bestimmtes Ziel erreicht haben, um glücklich und zufrieden zu sein. Wie endlos lange kann diese Durststrecke der Erfüllung und des Glücks dann wohl andauern? – Viel zu lange! Sie kann uns zum Fallen bringen, zum Kapitulieren, zum Stagnieren - und wird uns letzten Endes unsere wertvolle Lebensenergie mit jeder Sekunde mehr und mehr entziehen.⌋

Denn im Grunde liegt
das ganze Handwerk
dazu schon in uns,
unabhängig von
unserer Vergangenheit
und unserer Zukunft,
die wir ja ohnehin nicht beeinflussen können.
Alles, was wir
zum eigenen Erkennen brauchen,
ist schon da.
Wir müssen es nur nutzen.
Zu unseren Gunsten,
zu unserem Wohlsein.

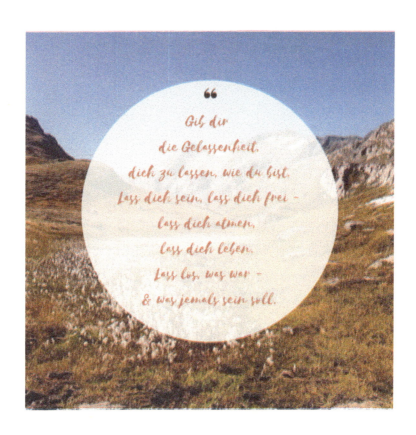

„
Gib dir
die Gelassenheit,
dich zu lassen, wie du bist.
Lass dich sein, lass dich frei –
lass dich atmen,
lass dich leben.
Lass los, was war –
& was jemals sein soll.

⌈Wir tragen in uns, was wir wirklich brauchen. Das, was in uns ist, das sind wir. Und wir sollten uns Zeit geben, dieses Ich auch zu erkennen. Alles, was uns ausmacht, ist aus einem bestimmten Grund da.

Jede Seite, jeder Charakterzug, jedes Talent, so selbstverständlich sie dir auch vorkommen mögen, haben ihren Sinn. Und du kannst diesen Sinn jederzeit nutzen. Es wird dich nichts kosten, dich nicht anstrengen, dich nicht stressen müssen. Du wirst nicht einmal dafür ackern müssen – denn auch, wenn wir das immer denken – wir sind nicht auf dieser Welt um nur zu ackern, uns immer nur anzustrengen, um immer nur zu funktionieren und uns zu verbiegen in dem Willen, etwas sein zu wollen, das wir partout nicht sind.

Du bist das, was du bist – nicht mehr und nicht weniger. Trau dich, diese Tatsache zu akzeptieren. Hör auf, gegen deine wahres Ich zu leben, zu kämpfen. Trau dich, du selbst zu sein. Und trau dich, auf deine innere Stimme zu hören.

Selbstkenntnis heißt hier für mich, zu erkennen, wer man denn eigentlich ist. Sich zu trauen, all sein ganzes Sein zuzulassen und zu leben, mit all den guten und den schlechten Seiten. Hören wir auf, uns zu verbiegen und fangen wir an, einfach mehr zu sein.⌋

⌈Als kleine Hilfestellung:

Notier dir, was du gerne machst, was dir leicht fällt. Erinnere dich auch daran, was du als Kind schon gerne getan hast. Auch wenn du es vielleicht Jahre- und jahrzehntelang nicht mehr praktiziert hast, so wird das ein oder andere Talent dennoch noch immer in dir schlummern und wird vielleicht nur darauf warten, von dir wieder entdeckt zu werden.

Ich persönlich habe schon als Kind gerne geschrieben. Ich habe nächtelang Geschichten erfunden, Comics gemalt, gezeichnet und bin in meiner Fantasiewelt ganz aufgegangen. Mit der Zeit habe ich diese Gabe „verloren" bzw. einfach vergessen. Schon während meines Studiums, das naturwissenschaftlich ausgelegt war und keine Kreativität im eigentlichen Sinne zulässt, wurde mir klar, dass mir dieser mir essentielle Teil im Leben wirklich fehlte. Nach und nach bin ich dann zu meinem Talent, dem Schreiben, zurück gekommen und genieße es jetzt mehr denn je.

Notier dir also ruhig alles, was dir einfällt, auch wenn du manche Dinge davon derzeit kaum machst. Wir sind so vielfältig und facettenreich, dass es gar nicht möglich ist, sich nur auf eines zu fokussieren. Daher schaffe dir eine Bandbreite an Erinnerungen und Ressourcen, auf die du immer wieder zurückgreifen kannst. Betrachte es wie eine bunte Farbpalette, aus der du je nach Lust und Laune immer wieder die buntesten Facetten deiner selbst auswählen kannst, um dein Leben so bunt wie möglich zu gestalten.⌋

Wir sind so vielfältig,

verfügen über Talente & Charakterstärken,

die es sich immer wieder lohnt

zu entdecken

und zu stärken.

Je öfter wir uns die Zeit und den Mut nehmen,

diese kennenzulernen

und auszubauen,

desto freier fühlen wir uns.

⌈Notier dir auch die vermeintlich schlechten Dinge, diese aber auf einem separaten Blatt Papier. Bewerte diese Dinge nicht und nehme sie erst einmal einfach so hin.

Du wirst im Laufe der Zeit feststellen, dass sie dich in deiner persönlichen Entwicklung hindern können und dass es notwendig ist, an ihnen zu arbeiten – wenn die Zeit dafür gekommen ist. Solange gilt es erst einmal, sie einfach nur zu erkennen, zu akzeptieren und zu wissen, dass es sie gibt und sie ein Teil von dir und deiner Persönlichkeit ausmachen. Und es für in Ordnung zu befinden.

Wenn du erkannt hast, was dich wirklich ausmacht, wird es dir auch leichter fallen, dein Leben neu und nach deinen Wünschen zu gestalten. Nachdem du akzeptiert hast, was dir an Handwerkszeug geschenkt wurde und beginnst, es zu nutzen, kannst du wachsen. Du kannst endlich wachsen und dich weiter entwickeln, nach deinen Regeln, deinem Rhythmus und deinen Vorstellungen.⌋

Die Eingebung,
sie wird nicht von jetzt auf gleich kommen –
sie kann einige Zeit brauchen.
Sei geduldig mit dir, mit festgefahrenen Mustern,
mit hemmenden Ängsten & Vorstellungen.
Sei achtsam, geduldig, gut zu dir.
Nimm dir Raum für Stille.
Am besten draußen,
in der Natur, dort, wo man wirklich abschalten
und bei sich sein kann.
Lass die Ruhe wirken - immer wieder.
Du wirst sehen,
dass das Leben dir mit aller Vielfalt
die richtigen Impulse geben wird.
Ohne Anstrengung,
ohne Müssen & ohne Zwang.

Damit dein Leben immer lebenswert bleibt.

[reflections – minds & thoughts]

[reflections – minds & thoughts]

Selbststärkung.

Wir alle möchten gestärkt und gesund durchs Leben gehen. Stark, zufrieden und glücklich. Je mehr wir mit uns im Reinen sind, unsere Stärken und Schwächen kennen und wissen, wofür wir leben, desto stabiler werden wir und kommen diesem Ziel sehr, sehr nah.

Doch auch in diesen „sicheren" Zeiten gilt es, ausgeglichen und gelassen zu bleiben, um sich diese innere Stärke auch nachhaltig zu bewahren. Hochmotiviert und diszipliniert kann es auch der zufriedenste Mensch schaffen, sich selbst durch Unachtsamkeit nach und nach auszubrennen.

Was wir zeitlebens brauchen, ist ein Gleichgewicht, eine Balance zwischen allen Ebenen unseres Lebens. Wir brauchen ebenso eine Auszeit von den Dingen, die uns belasten wie auch eine Auszeit von jenen Dingen, die wir enthusiastisch und voller Motivation in einer Art Dauerschleife tun können.

Jede extreme Monotonie, jede extreme Fixation auf das „Eine" wird uns früher oder später nicht mehr gut tun. Was uns dann vielleicht noch für lange Zeit Kraft geschenkt hat, saugt uns plötzlich aus und wird zunehmend zur Last. Erkennen wir früh genug, wenn es dazu kommt.

⌈Früher habe ich meine Ressourcen
nur auf einen einzigen Fokus gelegt
und mich förmlich daran festgeklammert.
Doch mit der Zeit habe ich mir
eine Vielfalt an Stärken zurück „erobert",
was teilweise Kraft, Zeit und Mut gekostet hat,
denn natürlich hat auch dies wieder mit einem Loslassen
von Mustern und einer Umkehr
seiner festgefahrenen Routinen zu tun.
Ich habe meinerseits gelernt,
dass ich meine Erfüllung
nicht nur in einem dauerhaften Funktionieren finde,
sondern ich mir durchaus die Freiheit geben darf,
meine kreative Seite auszuleben, für die ich mir lange Zeit
keinen freien Raum eingestanden habe.
Aus diesem Loslassen heraus haben sich plötzlich
immer wieder neue Ressourcen aufgetan,
die jetzt in der Summe eine Art doppelten Boden bilden
und mich im Leben tragen und stützen.⌋

All diese Ressourcen stärken mich von innen heraus. Ich nehme mir Zeit, mich an sie zu erinnern, sie zu pflegen und sie im richtigen Moment auch zu nutzen. Manchmal ertappen wir uns dabei, wie wir uns von einer Verpflichtung in die nächste stürzen. To-do Listen müssen abgearbeitet werden, noch dies oder jenes erledigt werden, um sich dann irgendwann – endlich – die wohlverdiente Pause zu gönnen.

Durch solch eine Vorgehensweise werden wir nicht nur immer ausgelaugter und schwächer, wir verlieren auch den Spaß an den Dingen, die wir tun. Wir erledigen sie nicht mehr um ihrer selbst willen, sondern nur noch, um endlich die lang ersehnte Pause und das zur Ruhe kommen zu erreichen.

Wie wäre es jedoch, wenn wir uns diese ersehnte Pause einfach frühzeitig gönnen würden und wir uns erst dann an die neue Aufgabe begeben?

Wir würden sie viel erfüllter, konzentrierter und effektiver erfüllen können. Es wäre nicht einfach nur noch ein Abarbeiten, sondern ein wirkliches Erfüllen. Eine Aufgabe, die uns beim Erfüllen auch etwas gibt, aus der wir etwas ziehen können, die wir für uns selbst nutzen können. Arbeiten wir einfach nur ab, so stumpfen wir nach und nach auch innerlich ab. Es zehrt uns aus, anstatt uns etwas zu geben, anstatt uns zu nähren. Es gibt uns keine Energie mehr und kostet uns einfach nur noch Kraft - wertvolle Kraft, die wir anderweitig sehr viel nötiger gebrauchen könnten.

Um innerlich stark zu bleiben, ist es hilfreich, wenn wir uns kleine Zeitinseln und Möglichkeiten schaffen, in denen wir daran arbeiten können, unsere Stärke zu erhalten.

So wie unsere Muskeln immer wieder gezielt trainiert werden wollen, um stark und leistungsfähig zu bleiben – so will unser Geist auch trainiert werden. Nur fällt dieses Training von Mensch zu Mensch unterschiedlich aus und ein Patentrezept gibt es hier nicht. Grundlegend für jeden ist nur, dass man sich aktiv Zeit einräumt, um sich zu stärken. Wie man dies tut, ist jedem selbst überlassen. Sport, Yoga, Meditation, Lesen, Schlafen, Kochen, Backen, Staubsaugen, Handwerken, Basteln – alles kommt hier in Frage! Es sollte nur eine definitive Ablenkung dessen sein, was man eigentlich die ganze Zeit über schon tut. Es muss ein erkennbarer Unterschied in diesen Dingen liegen.

Wer die ganze Zeit hochmotiviert Sport betreibt und sich laufend auspowert, sollte sich nicht noch eine weitere Sportart und eine Insel zum Auspowern zulegen, sondern sich eine Art Gegenpol suchen, um sich innerlich wieder zentrieren und ausgleichen zu können.

Nie habe ich es für möglich gehalten, aber der Beginn mit Yoga war für mich meine persönliche, rettende Insel in meinem ganzen Ausdauer- und Extremsport. Als ich zu dem Punkt kam, an dem mir meine Langstreckenrad- und Lauftouren keine Kraft mehr schenkten, sondern mich nur noch mehr auslaugten und auszehrten, wurde der Weg des Yoga ein Segen des Himmels für mich.

⌜„Ich erinnere mich noch zu gut an den November letzten Jahres, in dem ich gebeutelt vom Jahr 2016, all den misslungenen Plänen, einer kaputten Beziehung, der Belastung auf der Arbeit und letzten Endes eines längeren Krankenhausaufenthaltes aufgrund einer autoimmunbedingten Nervenentzündung, endlich auf den Rat meiner Mutter hörte und mich am Yoga versuchte – in der Hoffnung, einen Weg zu finden, um meinem Leben wieder einen Halt zu geben und zurück zu mir selbst zu finden. Ich hatte schon viel zu lange permanent das Gefühl, rastlos zu sein, auf negative Art und Weise - so als würde ich immer wieder den Boden unter den Füßen verlieren. Weder mein Körper noch mein Geist schienen zur Ruhe zu kommen, auch nach 100, 200, 600 km Radeln nicht, nicht nach einer 10 Stunden Wanderung auf einsame Berghütten und auch nicht nach einem langen Arbeitstag inklusive Notdienst und den nächtlichen Einsätzen. Es war klar, dass ich einen Gegenpol zu all dem andauernden Vorwärtsdrang und all der Zerstreutheit dringend nötig hatte, dass ich etwas brauchte. Etwas brauchte, dass mich wieder runter brachte, mich wieder zurück zu mir selber leiten konnte und mir Halt gab, auch wenn alles andere schier zu zerbrechen drohte."⌟

Genau dies fand ich im Yoga. Es bildet für mich den Gegenpol zu all dem Sport, all den Belastungen, die ich mir selbst auferlege und die ich zu einem erfüllten Leben auch immer irgendwo brauche. Es zieht mein inneres Pendel, das in extremen Situationen eben weit zu einer Seite hin ausschlägt, wieder zurück zur Mitte, gleicht es aus und bringt mich somit wieder zurück zu meiner inneren Stärke zurück, anstatt dass es – wie bei einem Rebound Effekt – im Gegenzug weit zur anderen Seite ausschlägt und mich wieder durcheinander bringt.

Yoga bringt mich zur Ruhe,

holt mich zu mir selbst zurück,

verbindet mich wieder

mit mir selbst & meiner Natur.

Ich bin mir unschlüssig, ob ich ohne diesen Weg meine bisherige Entwicklung genauso bestritten hätte. Dass ich heute genau dort wäre, wo ich jetzt bin, ob ich all diese Entscheidungen getroffen und Gedankengänge eingeschlagen hätte. Ich befürchte, das nicht. Dass ich weiter in dieser äußerlichen Hetze meine innere Stimme unterdrückt hätte. An Erfahrungen wie dieser habe ich gelernt, wie wichtig es ist, innerlich ausgeglichen und zentriert zu sein. Es ist wichtig, immer wieder daran zu arbeiten, um langfristig stark zu bleiben. Denn immerhin brauchen wir unsere Stärke für unseren Lebensweg unabdinglich. Wir wollen leben - aus voller Kraft heraus und nicht vor uns hinvegetieren. Wir wollen nicht einfach nur durchhalten, nicht nur funktionieren, nicht nur ableisten. Wir wollen mit voller Kraft sein – und jeder kann sich die Möglichkeit schenken, dies für sich auch umzusetzen und zu verwirklichen.

[reflections - minds & thoughts]

[reflections – minds & thoughts]

„
Innere Stärke,
Achtsamkeit,
Innehalten,
zur Ruhe kommen.
Die innere Heimat –
lass sie dich finden.
Bleib bei dir & ihr,
immer & jederzeit.

Das Leben passieren lassen.

Die Dinge beginnen ja immer erstmal in unserem Kopf – meistens jedenfalls. Wir malen uns unsere Zukunft aus, verplanen Stunden, Tage, Wochenenden, Urlaube – verplanen am liebsten gleich schon unser ganzes Leben.

Denn wir sehnen uns nach Sicherheit. Nach Sicherheit und der Gewissheit, dass unser Leben in den richtigen Bahnen verlaufen wird, dass alles gut sein wird und dass wir immer glücklich und zufrieden sein werden.

Doch mit jedem Plan, jedem weiteren, in Stein gemeißelten Ziel nehmen wir uns auch die Möglichkeit, unser Leben hin und wieder einfach mal passieren zu lassen.

Je mehr wir an uns selbst glauben und zu unserer inneren Stärke gefunden haben, desto leichter wird es uns auch fallen, unser Leben nicht nur durchgeplant und durchgetaktet zu leben. Unsere innere Stärke wird uns die Freiheit schenken, manche Dinge einfach auf uns zukommen zu lassen und im richtigen Moment auch eigentlich schon lang geschmiedete Pläne ziehen zu lassen. Sie genau dann ziehen zu lassen, wenn wir spüren, dass sie nicht mehr richtig für uns sind, sie in diesem Moment einfach nicht mehr passen.

Je weniger wir wie durchgeplant leben, desto weniger werden wir uns auch wie „automatisiert" fühlen. Das Gefühl, alles einfach nur noch zu erledigen und abzuarbeiten, kann gar nicht erst aufkommen, denn wir wissen nicht, was kommt, wissen nicht, was in der nächsten Sekunde folgt. Hinter mir liegt ein absolut vollkommenes Wochenende. Ein Wochenende, das ganz anders verlief, als ich es eigentlich geplant hatte – denn entgegen der ursprünglichen Pläne stieg ich am vergangenen Freitagmittag nicht ins Auto um wie angedacht nach

Freiburg zu fahren, sondern lauschte einem kleinen, inneren Bauchgefühl, das scheinbar anderes für mich im Sinn hatte - und verbrachte somit spontan drei Tage zu Fuß auf einer Wanderung quer durch meine Heimat. Kurzerhand wurde eine grobe Route ausgemacht, gepackt und losgezogen.

Dieses Wochenende war so wunderbar, wie keiner der ursprünglichen Pläne und keine der Vorstellungen hätten werden können. Jede Minute war neu, jeder Meter ungeplant und das Leben einfach nur spannend und aufregend – und das direkt vor meiner Haustür und in unmittelbarer Nähe meines Zuhauses und der gewohnten Umgebung.

Es hat mich früher nervös gemacht, wenn ich mein Wochenende nicht schon verplant hatte, wenn ich noch nicht wusste, was ich mit meiner freien Zeit anfangen sollte. In den Zeiten, in denen ich in meiner alten Arbeitsstelle sowieso schon nur die Hälfte aller Wochenenden im Jahr zu meiner freien Verfügung hatte, wuchs der Druck, in dieser dann endlich freien Zeit auch wirklich etwas Sinnvolles zu machen.

Jede Minute sollte ausgenutzt werden, denn es war kostbare Zeit - immerhin dauerte es oftmals gute zwei Wochen, bis ich endlich wieder mal frei hatte. Daher fiel es mir im Laufe der Zeit immer schwerer, die Wochenenden einfach gelassen auf mich zukommen zu lassen.

Doch mit der Zeit wurden mir die all die starren Pläne zum Verhängnis – all die Dinge, die ich mir vorgenommen hatte, fühlten sich mehr und mehr an wie eine Aufgabe, wie etwas, was ich erledigen musste. So wie die Arbeit. Aufstehen, funktionieren, machen, weitermachen, abarbeiten.

Ich brauchte lange, um diesen Automatismus abzulegen und mich darauf einzulassen, mein Leben wieder anders zu leben und meine Zeit anders zu gestalten. Es kostete mich Mut, dies auszuprobieren.

Es kostete mich auch jene Arbeitsstelle, die einfach nicht zu mir passte und die ich aufgab, um endlich wieder freier und selbstbestimmter leben zu können.

Mit den Erfahrungen erkannte ich, dass die schönsten Erlebnisse genau jene waren, die spontan und ungeplant in mein Leben traten. Ich begann, meine Urlaube immer weniger durchzuplanen, mir keine festen Routen vorzugeben, sondern mich genau auf das einzulassen, was mir mein Herz im richtigen Moment vorgab. Diese Art zu leben und zu reisen hat mir unglaubliche Momente und Erlebnisse beschert – für all diese bin ich unglaublich dankbar.

So gefestigt ich jetzt darüber schreibe – so schwer fiel es mir zu Beginn immer wieder aufs Neue. Selbstzweifel, Gefühle der Hektik & der Planlosigkeit, gestresst sein von dem Gedanken, sich doch jetzt bald entscheiden zu müssen – all das und noch viel mehr gehörte zu diesem Prozess. Ich bin nicht total entspannt, wenn ich auf diese Art und Weise losziehe – ich bin nervös wie ein kleines Kind.

       Nervös, unsicher, voll mit Zweifeln.

Was passiert, wenn ich mich falsch entscheide? Was, wenn ich doch noch etwas Besseres tun könnte? Was, wenn ich „scheitere"? Wohin soll ich jetzt eigentlich? Manchmal bin ich dann so gehemmt, dass ich erstmal gar nicht loskomme. Ich kann mich nicht entscheiden, und doch muss ich. Denke ich zumindest.

Es war wie immer –

ich hatte den Kopf voller Ideen, voller Möglichkeiten,

voller Ziele

und vor mir lag eine mir viel zu kurze,

verfügbare Zeitspanne.

Es war nichts gepackt, nichts geplant

und entschieden zwischen all meinen Ideen

hatte ich mich pünktlich zum Feierabend

auch noch nicht.

Ziemlich zerstreut wurde

also kurzerhand der Bulli gepackt, das Rad aufgeladen,

Kaffee gekocht und losgefahren.

Wohin, das wusste ich zu diesem Zeitpunkt auch noch nicht:

Es war wie immer

meine eigene innere Zerrissenheit,

die es mir schwer machte,

mich wirklich entscheiden zu können.

Meine Spontaneität stand mir scheinbar mal wieder selbst im Weg.

⌈An diesem Morgen jedoch brachte mich meine Spontaneität dann zu einem der prägendsten Orte, die ich je besucht habe: die Greina Hochebene in Graubünden in der Ostschweiz. Ich war dort drei Tage lang zu Fuß unterwegs, komplett ohne Plan und verbrachte hier die mit intensivsten Tage meines Jahres 2018.

Wie vorbestimmt zog mich meine Intuition während des Losfahrens ganz genau an diesen Ort – und wenn ich mir anschaue, wie das Jahr danach weiter verlief und wie viel Kraft ich aus diesen Tagen im Folgenden noch schöpfen konnte und auch musste, dann weiß ich, dass dies die einzig richtige Reise war, die ich zu diesem Zeitpunkt machen konnte. Es ist, als hätte mir meine Intuition genau das gegeben, was ich in diesem Moment gebraucht hatte.

Die Greina, dieser Kraftort, verfolgt mich bis heute. Sie hat mir in den schweren Stunden am Ende des Jahres 2018 eine innere Kraft und Zuversicht geschenkt, für die ich unglaublich dankbar bin. Ich weiß jetzt, warum ich sie schon jahrelang wie instinktiv in meinem Herzen mit mir herumgetragen habe, denn ich habe dort etwas gefunden, das mir, bis heute, eine innere Kraft und Ruhe schenkt, für die ich unglaublich dankbar bin. Es war wieder dieses einfach intuitive „Leiten- & Loslassen" gewesen, das mich hierher geführt hatte. Genau zur richtigen Zeit in meinem Leben konnte ich diesen magischen Ort voll und ganz erleben, genießen sowie all diese wertvolle Kraft aus ihm schöpfen.⌋

Wir alle können uns von unserer Intuition leiten lassen. Denn auch wenn es uns manchmal so erscheint – sie geht uns niemals verloren. Wir müssen nur lernen, ihr wieder mehr Gehör zu verschaffen. Wenn sie am Anfang noch wie verstummt ist, weil wir schon lange nicht mehr nach ihr gehört oder gefragt haben, wird sie mit der Zeit wieder lauter werden, sobald wir ihr mehr Beachtung schenken.

Wir können ihr jedoch nur mehr zuhören, wenn wir uns die Zeit dafür nehmen. In einem Alltag, in dem alles so schnell vor sich geht, wie in unserem heutigen, fällt uns das unglaublich schwer. Wann haben wir denn mal einige Minuten der Ruhe, um uns Zeit dafür zu nehmen, nur unseren Gedanken und Gefühle zu lauschen? Leider nur sehr, sehr selten – es sei denn, wir haben uns schon Inseln dieser Ruhe im Alltag geschaffen. Unser Alltag ist so derart durchgetaktet und durchorganisiert, dass wir vor allem schnell und möglichst effektiv Entscheidungen treffen müssen. Alles muss schnell vorangehen, schnell erledigt, schnell bearbeitet werden.

> Doch sind wir Menschen überhaupt
> für solch eine Vorgehensweise gemacht?

Jede Veränderung, jeder Wandel, jede Entscheidung – all das braucht seine Zeit. Es braucht Zeit, um Dinge zu entwickeln. Zeit, um Dinge zu ändern und es braucht Zeit, sich selbst in all dem Gedankenwirrwarr immer wieder aufs Neue zu finden. Es bleibt uns gar nichts anderes über, als gegen diesen schnellen Strom der Gesellschaft zu leben, wenn wir uns selbst nicht dauerhaft verlieren wollen. Denn wir hören uns nicht im Stress, werden nach und nach wie taub. Unsere Intuition kann dann noch so laut rufen, wir werden sie nicht mehr wahrnehmen können. Und je verzweifelter sie ruft und permanent unerhört bleibt, desto schneller wird sie eines Tages mehr und mehr verstummen.

⌈Wenn wir es jedoch gelernt haben, aus dieser Hektik ⌈zumindest einige Male am Tag – auszusteigen, um uns Zeit und Gehör zu gönnen, so lernen wir auch, das Leben einfach wieder passieren zu lassen. Das Leben kann uns finden. All die schönen Abenteuer, die wir uns erhoffen und ausmalen – auch diese können uns finden. Und das Glück, das wir fortlaufend suchen – es wird uns finden. Immer wieder und immer wieder aufs Neue – und immer wieder auch genau zum richtigen Zeitpunkt.⌋

[reflections - minds & thoughts]

[reflections – minds & thoughts]

Selbstwert –
Von Lebensträumen & Lebenskompromissen.

& dann gehst

und lebst du einfach nicht los.

Du traust dich nicht,

den ersten Schritt zu machen.

Du traust dich nicht –

doch dein Traum,

er ist doch eigentlich so groß.

Er ist zu groß,

zu tief,

zu wertvoll,

um ihn nicht zu leben.

"
Und du

—

du haderst.
Du haderst dennoch.
Und dann, was dann?

Da ist dieser Mann, von dem ich denke, dass er glücklich sein muss. Denn er hat sich seinen Wunsch erfüllt, er ist Eigentümer eines Berghauses, das versteckt in den weiten Wäldern meiner Heimat liegt und das er schon seit vielen Jahren bewirtschaftet. Tagein, tagaus kommen Leute hierher, um die Stille des Waldes zu genießen oder um es sich in der Gastwirtschaft einfach gut gehen zu lassen. Es sind Leute, die schon seit Jahren herkommen, Leute, die quasi schon zum Inventar gehören, aber auch Leute, die diese Hütte erst neu entdeckt haben und die über ihre Schönheit aus dem Staunen gar nicht mehr herauskommen.

Es muss ein Traum sein, sein Leben hier verbringen zu können. Ein Privileg, eine solche Hütte besitzen zu dürfen, in diesem Eigentum Gäste zu bewirten und all das sein eigen nennen zu können. Nicht nur, über sich selbst Chef zu sein, sondern auch, dies noch in dieser unglaublichen Gegend zu sein – allein in diesem Zustand dürfte es einem doch an nichts mangeln.

Oder?

Ich sitze abends in dem urigen Speisesaal und blättere in dem Buch „der schönsten Gipfel", das ich vom Fensterbrett aufgesammelt habe und mit dem ich mir nicht nur die Zeit bis zum Essen vertreibe, sondern auch ein wenig mein Bergweh stille.

Während ich so dasitze und Seite um Seite umblättere sowie Berg um Berg bestaune, setzt sich der Wirt neben mich und beginnt mit mir ein Gespräch über Träume – Träume, die schon so lange gehegt wurden und die bisher, trotz all ihrer Stärke, einfach immer noch nicht gelebt wurden. Dieser Mann, von dem ich also anfangs dachte, dass er mit sich und all seinen Wünschen doch nur im Reinen sein kann, sitzt nun dort neben mir und hat Tränen in den Augen, als er mir erzählt, welchen Berg er schon längst in seinem Leben besucht haben wollte und auch, dass er es nach wie vor noch nicht geschafft hat.

Es ist nur ein Traum, den er hegt, nicht viele Träume. Man spürt die Sehnsucht dahinter und das Leid, das hinzukommt, das Leid, was selbst erschaffen wurde – denn es wurde sich an etwas gebunden, das einem nun scheinbar den Weg zu einem anderen Traum versperrt. Mit der einen Tür schließt sich eine andere – wir können nicht alles im Leben haben und erreichen, daher sollten wir darauf achten, in welche Richtung wir uns wenden.

Es sind mehrere Dinge, die mich nach diesem Gespräch beschäftigen. Ich mache mir Gedanken darüber, in wie weit ein noch unerfüllter Traum die aktuelle Zufriedenheit mit seinem anderen Lebenstraum zu leben, negativ beeinflussen kann und auch darüber, was einen denn wirklich davon abhält, seine tiefsten Träume wirklich zu leben.

Ich sage zu ihm „Einfach machen, wenn es dein größter Traum ist." – und meine es auch so. Denn in diesem Fall gab es keine Ausreden mehr, es nicht zu tun. Der Wirt war frei, es gab Urlaub, es gab wieder mehr Geld. Er war ungebunden. Und dennoch – er haderte. Er haderte, erstarrte – und träumte weiter anstatt einfach endlich zu machen.

Und es tat mir leid. Es tat mir leid, zu sehen, wie ein Mensch sich in seinem Glück so dermaßen selbst im Weg stehen kann. War der Traum nicht groß genug, um endlich einfach loszuziehen? War die Angst, dass der Traum nicht den Vorstellungen entsprechen könnte, größer als all das Verlangen nach diesem? Ich weiß nicht, was ihn wirklich davon abgehalten hat. Ich weiß nur, dass ich ihm wünsche, dass er sich eines Tages endlich wirklich traut. Dass alle Menschen sich eines Tages trauen, ihre Träume zu leben, dass sie erkennen, dass sie sonst unglücklich werden, dass sie kleiner werden, dass sie nicht mehr an sich selbst glauben. Das Leben ist immer ein

Kompromiss zwischen all den Dingen, die wir noch erreichen wollen und all den Träumen, denen es nachzujagen gilt.

Wir wollen alles – und können immer doch nur manches.

Wo zieht man dann die Grenze? Wie entscheidet man sich? Was tut man, wenn man sich vermeintlich falsch entschieden hat?

Zu allererst: Es gibt keine falschen Entscheidungen, genauso wenig wie es absolut richtige Entscheidungen gibt. Es gibt nur Entscheidungen, die uns letzten Endes neue Erfahrungen aufzeigen und unser Leben in andere Bahnen bringen. Wir können mit manchen Entscheidungen mehr oder weniger glücklich sein. Manche Entscheidungen schließen direkt ein Ausscheiden anderer Optionen mit ein – und das zu akzeptieren ist unglaublich schwierig.

Wenn ich mich dazu entschließe, ein Haus zu bauen und eine Familie zu gründen, dann muss ich mich auch dagegen entscheiden, mein Leben weiter absolut frei und nomadenhaft zu gestalten. Wenn ich mein Leben dagegen als Nomade verbringe, nie lange an einem Ort verweile und immer wieder aufs Neue losziehe und unterwegs bin, dann wird diese Entscheidung nur schwer mit einem Haus und einer sesshaften Familie zu vereinen sein.

Wir könnten natürlich versuchen, alle Möglichkeiten gleichzeitig auszuleben – doch würden wir so auch allem gerecht werden? Würden wir so jede Möglichkeit auch voll und ganz ausleben können? Wohl kaum. Weder könnten wir unserer Familie gerecht werden, noch könnten wir unser Nomadenleben so auskosten, wie wir es sonst tun würden. Wenn wir solche Kompromisse eingehen, müssen wir uns darüber im Klaren sein, was wir wirklich wollen und was wirklich zu uns in unserem Leben passt. Wenn wir uns an etwas binden und wir dabei aber das Gefühl haben, es noch nicht aus vollstem Herzen zu können – so sind wir es uns schuldig, auf dieses Gefühl zu hören und ihm zu folgen.

Koste es, was es wolle.

Ignorieren wir es und lassen es außen vor, wird es mit der Zeit immer stärker werden. Stärker und schier unerträglich, bis wir unsere Situation kaum noch aushalten können.

Wie hart ist es, durch solche Situationen festzustellen, dass man die Entscheidung, die man ja eigentlich auch mit Herz und Seele getroffen hat, nicht mehr voll und ganz genießen kann, nur weil ein ungelebter Traum einem immer wieder ins Gewissen redet und fortlaufend unglücklich macht?

Wir durchlaufen Lebensphasen, in denen wir uns für einschneidende Dinge früher oder später entscheiden müssen. Das ist das Leben.

Wie tief und erfüllt wir diese Lebensphasen leben können, hängt davon ab, wie ehrlich wir die Entscheidungen in diesen wirklich treffen und wie wir uns trauen, diese mit allen Konsequenzen zu leben. Wenn ich fühle, dass ich mich noch nicht binden kann, auch wenn es gesellschaftstechnisch gesehen „jetzt an der Zeit wäre" – dann ist das so. Wenn ich fühle, dass mich nichts in der Sicherheit eines unbefristeten Arbeitsvertrages hält – dann ist das so. Wenn ich schon früh weiß, dass ich mich trotz einem riesigen Schuldenberg an einen Lebenstraum binden möchte – auch dann ist das so.

Keiner, außer wir selbst, wissen, wann es Zeit ist, die Dinge im Leben zu leben und umzusetzen. In diesen Dingen auf andere zu

hören und gut gemeinte Ratschläge zu befolgen – das hat hier keinen Sinn. Wir können nur unserem inneren Kompass folgen und uns für das entscheiden, was uns selbst wirklich entspricht. Und wenn wir dort so gut auf uns achtgeben, wird es uns im Folgenden dann auch gelingen, für andere weiterhin bereichernd zu sein.

⌈Losgelassen glücklich und bei sich selbst zu sein bedeutet nämlich eben auch, nicht nur ehrlich für sich selbst zu sorgen, sondern vor allem auch für seine Mitmenschen da zu sein.

Wenn wir wissen, dass wir unser Leben und Schicksal voll und ganz in der Hand haben und dass jede Entscheidung, wie wir unser Leben leben, auf uns selbst beruht, so muss niemand in unserem Umfeld unter unserer eigenen Unzufriedenheit leiden müssen. Niemand muss dafür geradestehen und niemand muss dafür benutzt werden, unsere inneren Mängel auszugleichen.

Wir können freier leben. Mit uns selbst, mit unseren Träumen, egal ob wir sie uns schon erfüllt haben oder ob sie noch auf ihre Erfüllung warten – zu ihrer Zeit. ⌋

[reflections - minds & thoughts]

[reflections – minds & thoughts]

Selbstvergänglichkeit.

Unser Leben ist vergänglich. Wir sind vergänglich. Wir wollen es nicht wahrhaben, aber wir können nicht ewig leben. Wir haben nicht ewig Zeit, nicht ewige Ressourcen, nicht ewig viele Chancen. Irgendwann, wenn wir realisieren, dass aus unserem Irgendwann ein Nie geworden ist, werden wir es bereuen, im Leben nicht für das eingestanden und gelebt zu haben, was uns zutiefst berührt hat, was uns ausmacht und was uns glücklich macht.

⌈Die Entscheidung,

endlich mit dem Leben

zu beginnen,

statt es fortwährend

auf bessere, passendere Zeiten

zu verschieben,

muss aktiv passieren

um somit nachhaltig zu sein.⌋

Jedes Jahr zu Silvester werden abertausende an guten Vorsätzen für das neue Jahr gemacht, schlechte Muster am Feuer verbrannt und Hoffnungen auf ein neues, besseres Jahr gesetzt. Wie viele von diesen Vorsätzen werden langfristig aber auch wirklich umgesetzt? Wie viele Muster können tatsächlich abgelegt werden? Reicht ein bloßes Vornehmen aus, um all diese Dinge zu verwirklichen?

Uns zu lösen, losgelassener und unbestimmter zu leben, fällt uns oftmals eher schwer. Wir brauchen Routine – bis zu einem bestimmten Maß – und fühlen uns in der vermeintlichen Sicherheit sehr wohl. Doch oft geht dafür auch ein anderer Teil von uns, der einfach mehr vom Leben will, unter.

Eine Millisekunde wird eines Tages darüber entscheiden, wie und ob wir unser Leben weiter leben dürfen. Wir werden eines Tages am eigenen Leib erfahren müssen, was es heißt, vergänglich zu sein. Wenn ich mir diesen Moment vorstelle, möchte ich ihn nicht fürchten müssen – ich möchte ihn willkommen heißen können.

Willkommen heißen mit der Gewissheit, dass ich mein bestmögliches getan habe, um mein Leben so erfüllend und selbstbestimmt gelebt zu haben, wie es mir nur möglich war. Es geht zwar niemals alles - aber darauf kommt es auch gar nicht an.

Es kommt darauf an, am Ende des Lebens oder in einschneidenden Lebenshasen, nach denen nichts mehr so sein wird wie es vorher war, nichts bereuen zu müssen. Dass man sich nicht mit der Gewissheit quälen muss, nicht ausreichend gelebt zu haben. Dass man sich nicht geißeln muss mit Vorwürfen wie „Hätte ich doch." oder „Wieso habe ich nicht?" und „Aber ich wollte doch noch...".

Wenn ich lebe, dann lebe ich für diesen einen Moment, im Jetzt, im Hier. Ich lasse mich darauf ein, was jetzt passiert. Mir fällt es immer schwerer, große Pläne in der Zukunft zu gestalten, denn ich weiß ohnehin nicht, ob ich sie tatsächlich verwirklichen kann.

Wenn ich die Chance habe, etwas auf der Stelle zu tun, dann verschiebe ich es nicht mehr auf vermeintlich bessere oder passendere Zeiten. Denn diese Zeiten könnten vielleicht niemals eintreten. Sie könnten mir vielleicht niemals vergönnt sein. Unser Leben lässt sich nicht ansparen. Zeit, Erlebnisse und Erfahrungen lassen sich nicht aufschieben. So funktioniert das Leben nicht. So schnell wie die Zeit zwischen unseren Fingern zerrinnt, so schnell zerrinnen auch unsere Träume und Vorstellungen darin.

Es ist irgendwann für jeden an der Zeit, im Jetzt zu leben. Es wird dann Zeit, sich einzugestehen, dass alle Ausreden, jede Ausflucht uns eines Tages nur bereuen lassen. Ich möchte keine Reue im Leben – ich möchte unbedingt einfach leben. Mehr nicht. Ich möchte vor mir selbst stehen und sagen können, dass ich alles, wirklich alles getan habe, um jede Minute hier auf dieser Erde genutzt zu haben. Das mag manchen naiv und romantisch vorkommen – für mich ist es das jedoch nicht. Es sind lediglich Erfahrungen und Erkenntnisse daraus, dass ich weiß, was es heißt, sein Leben in Zwang zu leben und verschwenderisch mit seinen Ressourcen umzugehen. Oder was es heißt, schon früh von einschneidenden Erkrankungen im Leben begrenzt zu werden. Umso wertvoller schätze ich mein Leben daher jetzt ein. Viele brauchen oder brauchten erst solche Erlebnisse, um zu erkennen, was das Leben wirklich für sie ist, was es für sie bedeutet. Anderen genügt es, sich diese Erkenntnis durch eigenes Reflektieren zu erarbeiten.

⌈Wenn du diese Zeilen liest, was kommt da in dir auf? Sind es plötzlich aufkeimende Gefühle, dringliche Wünsche und Träume – erkennst du dich selbst und dein Hadern eventuell wieder? Kannst du es dir vorstellen, zu gehen, ohne dass du wirklich alle Träume, die es wert sind, gelebt zu werden, umgesetzt hast? Wie fühlt sich das für dich an?

Welche Träume kommen dir zuerst in den Sinn? - Notier sie dir, aber bewerte und ordne sie nicht ein. Es geht nicht darum, wie sie umzusetzen sind und ob es derzeit überhaupt möglich ist. Es geht vor allem darum, dass du dich wieder an sie erinnerst. Dass du nicht vergisst, was du dir von deinem Leben noch erhoffst und erträumt hast.⌋

Denk nicht abwertend über deine Träume oder verfalle nicht in den Glauben, dass sie unrealistisch wären. Du würdest dieses Buch nicht in den Händen halten, wenn ich nicht irgendwann mal daran geglaubt hätte, dass dieser Traum meinerseits eines Tages Wirklichkeit werden kann. Nicht nur dieser, sondern auch viele andere Träume. Nicht alle lassen sich jetzt gleich und auf der Stelle umsetzen. Aber sie alle sind es wert, nicht vergessen zu werden!

Versuche so achtsam zu leben, dass du dir deiner Selbstvergänglichkeit tagtäglich bewusst bist. Das bedeutet nicht, dass du in Angst und Hektik leben sollst – es bedeutet lediglich, deine Entscheidungen bewusster zu treffen, achtsamer mit deiner Zeit umzugehen und diese mit dem zu füllen, was dich wirklich glücklich und zufrieden macht.

Das, was dich nährt – zählt. Das, was dir Energie entzieht – muss weg. Welchen Sinn haben diese Dinge wirklich für dein Leben? Sind sie wirklich so wichtig, dass du dich ihrer nicht entbehren kannst? Wie stark halten sie dich von dem ab, was du wirklich sein und tun willst?

Lass los von den Dingen, die dich daran hindern, deinen Weg zu gehen. Manche von ihnen können wir einfach ziehen lassen, für andere wiederum brauchen wir mehr Zeit, bis wir den Mut und die Kraft gefunden haben, sie endgültig aus unserem Leben auszuschließen.

Lass dir Zeit, doch nutze sie – denn dann ist sie nicht umsonst gelebt. Denn dein Leben ist ein Geschenk – daher nimm es an. Nimm es an und vergiss niemals, wie wertvoll es ist.

[reflections - minds & thoughts]

[reflections – minds & thoughts]

Eine Geschichte der Willensstärke.

⌈Es ist das Jahr 2016, in dem ich mir einen lang gehegten Wunsch erfülle und die Superrandonneé „Belchen satt" mit meinem Rennrad angehe und endlich absolviere. Eine Superrandonneé ist eine spezielle Brevetform – und ein Brevet ist eine Langstreckenfahrt mit dem Rad, auf der man sich selbst verpflegt und auf seine eigene Kappe fährt.

Der „Belchen satt" stand schon lange auf meiner Liste und der Traum wurde immer größer – bis ich ihn eines Tages, aller Widrigkeiten zum Trotz, umsetzen musste.

Es ist ein Auszug des Berichts „Belchen satt 2016" aus meinem Blog „heimatnomadin", in dem ich all die Erfahrungen, Erkenntnisse und Erlebnisse dieser „Reise" niedergeschrieben und geteilt habe. Und es ist der Bericht, der am besten meine Willensstärke, die mich immer wieder zu meinen Träumen anspornt, widerspiegelt, weswegen ich ihn hier nochmals veröffentliche. ⌋

Belchensatt 2016.

Oder: Schlafend radeln.

Um das "Projekt Belchensatt" zu beschreiben, bedarf es einer kurzen Einführung bei der ich doch etwas weiter ausholen muss. Nachdem ich schon 2 Jahre im Rennradsattel zugebracht und mit der Zeit immer mehr Gefallen an langen Bergtouren gefunden hatte, kam ich während meines praktischen Jahres im Rahmen des Tiermedizinstudiums nach Freiburg.

Dort nutzte ich jedes freie Wochenende und jeden Feierabend um den Schwarzwald und die Vogesen mit dem Rennrad zu erkunden. Touren von 150, 200 und 300 km gespickt mit 2000 bis 3000 Hm wurden plötzlich zum Normalen und ich fand hier endlich meine Leidenschaft: die bergige (Ultra-) Langstrecke.

Dadurch kam ich durch Internetrecherchen auf die ARA Breisgau – Audax Randonneurs Allemagne Breisgau – die als private Initiative Langstreckentouren von 200 – 600 km organisiert und genau meine Leidenschaft lebt und vertritt. Diese verrückten, radliebenden Menschen haben unter anderem auch einen Superbrevet "im Angebot" der genau in mein Muster fiel: Lang, bergig, auf eigene Faust und so minimalistisch wie möglich - frei von jeglicher Unterstützung.

Dieser Superbrevet "Belchensatt" geht auf rund 600 km und 12.000 Hm über die schönsten Berge des Schwarzwaldes, des Schweizer Jura und der französischen Vogesen. Die Bedingung für eine erfolgreiche Teilnahme: das Ganze komplett am Stück zu fahren und es möglichst in unter 54 Stunden zu schaffen.

Das bedeutet: Radeln was das Zeug hält und das natürlich dann auch nachts. Müde Beine werden wach geradelt, müde Köpfe in kurzen Powernaps wieder frisch geschlafen. Den Nachweis, dass man die Tour auch wirklich geschafft hat, bringt man durch eine

Stempelkarte und Fotos, die man an vorgegebenen Orten machen muss.

Soweit so gut.

Schon in 2014 habe ich diesen Brevet fahren wollen – musste aber dort feststellen, dass ich quasi zu spät dran und meine Anmeldung zu knapp war, um offiziell starten zu können. Also versuchte ich die Tour erstmal "inoffiziell" - also nur für mich als Wochenendtour - zu fahren. Diese Tour allein für sich war schon Wahnsinn genug – diese hier noch detaillierter zu beschreiben würde den Rahmen sprengen, weswegen ich mit dem aktuellen, offiziellen Belchen satt weiter fortfahre.

Losgelassen hat mich dieser Brevet also nie – es hatte mich in der Zeit darauf immer mal wieder gejuckt - und was juckt, muss auch geheilt werden. Und das so schnell wie möglich. Tierarztdenken eben.

So kam es dann, dass ich letztes Jahr endlich die Möglichkeit dazu hatte, den Brevet endlich offiziell zu versuchen. Ich lebe jetzt aus beruflichen Gründen seit gut 2 Jahren am Fuße des Schwarzwaldes und das muss natürlich auch so gut es geht genutzt werden.

Relativ spät im letzten Jahr kam mir dann wieder dieser Brevet in den Sinn. Ein endlich mal wieder freies und vor allem langes Wochenende im Oktober schien dafür in Frage zu kommen und so meldete ich mich kurzerhand an. Der Gedanke an eigentlich schon zu kalte und vor allem lange Nächte verdrängte ich mehr oder minder erfolgreich: ich muss hier gestehen, dass ich vorher jede Nacht vom Schlafen und Leiden in der Kälte träumen musste. Umso schöner war es daher vorher (und vor allem nachher!) im eigenen, warmen Bett!

Da die ganze Idee mal wieder kurz auf knapp geplant war – wobei Planung bei mir auch immer irgendwie relativ ist, denn alleine durch den Stress und den Notdienst auf der Arbeit kam ich vorher gerade mal dazu mir die Straßenkarten mit der Route zu markieren – musste natürlich auch noch schnellstmöglich fehlendes Equipment besorgt werden. Allen voran der schon lang ersehnte Nabendynamo – denn gute 10 Stunden in der Nacht durchfahren und das 2 Nächte am Stück würde meine normale, mit Akku betriebene Frontlampe niemals bringen. Und anhalten und Pause machen um das Akku zu laden – das war bei diesem Brevet keine Option.

Das Thema Nabendynamo und passende Lampe sollte sich noch als ziemliches Dilemma gestalten: Erst kam die falsche Lampe, dann endlich die richtige. Mit der richtigen Lampe kamen falsche Kabelanschlüsse – und das ganze 2 Tage vor dem geplanten Start am Samstagmorgen um 5 Uhr in der Früh. Die Kabelanschlüsse sollten in einem Radladen um die Ecke gerichtet werden, was etwa einen Tag an Zeit benötigte.

Ich wurde langsam wirklich nervös. Umso glücklicher war ich also, als ich am Freitagabend vor dem geplanten Start dann endlich die Kabel holen konnte. Ich eilte heim und wollte endlich alles komplett verbauen – und konnte es nicht fassen: Die Anschlüsse (genauer die Kabelschuhe) waren schon wieder falsch! Ich muss gestehen, dass ich spätestens hier so richtig am Weinen war. War das ganze Projekt jetzt zum Scheitern verdammt? Nicht nur, dass ich keine Lampe hatte, ich hatte es durch den ganzen Aufwand damit auch nicht geschafft alles zu packen:
es war quasi nichts vorbereitet.

Gleichzeitig litt ich unter ziemlichen Schlafmangel, da ich in der Woche jede Nacht im Notdienst rausgemusst hatte und dementsprechend ziemlich platt war. Keine guten Voraussetzungen, um sich auf eine Radtour zu begeben bei der man höchstens 2-3 Stunden Schlaf finden würde und die einem körperlich und mental alles abverlangen wird. Dass der Wetterbericht zusätzlich noch wahrhaft schlecht und mehr als bescheiden aussah – all das wurde Verdrängungssache...

Es war zu dem Zeitpunkt 21 Uhr und ich stand ratlos im Wohnzimmer. Erstmal mit Zuhause telefonieren. Betroffenheit. Ich schluchzend, meine Eltern tröstend. "Du kannst es immer auch noch wann anders machen" – Nein, das konnte ich nicht. Die nächsten Wochenenden waren vergeben an den Notdienst – mein persönliches Gefängnis. Danach würde es allein aufgrund der Jahreszeit und Zeitumstellung nicht mehr möglich sein. Zudem war ich die letzten beiden Wochen tagtäglich die Strecke im Kopf abgefahren – ich musste sie jetzt endlich tatsächlich fahren, sonst würde ich verrückt werden.

Meine Rettung war letzten Endes ein sehr guter Radlfreund, Th, der spätabends noch sein Werkzeug beieinander packte und mir den ganzen Krempel mit Löten etc. richten konnte. Nachts um 1 starteten wird zu einer Testfahrt über die angrenzenden Weinberge in der nahen Umgebung – die Lampe funktionierte!

Endlich! Es war zum verrückt werden. Ich war jetzt bald 24 Stunden auf den Beinen und wusste, dass ich nie im Leben um 5 Uhr, also in 4 Stunden, in Freiburg starten könnte. So ging ich schweren Herzens erstmal schlafen.

Der Wecker reißt mich um 7.30 Uhr aus dem Bett. Ich schaue raus – Regen! Regen und Kälte. Ziemlich zerstört versuche ich, einen klaren Kopf zu fassen. Soll ich unter all diesen Bedingungen wirklich starten?

Ich bin platt, müde, will nicht raus in den Regen und schon gar nicht hoch in die Berge, wo der dichteste Nebel und die nassesten Wolken sich schon jetzt hartnäckig festgesetzt haben. Ich will aber auch nicht aufgeben. Nicht jetzt, wo doch endlich alles funktioniert hat! Nochmal telefoniere ich mit Zuhause, nochmal hole ich mir Kraft und Mut durch das Gespräch.

Ich bin ein Dickkopf und kann nicht anders: Ich muss los.

Begleitet von Th starte ich also um 14 Uhr in Freiburg am Martinstor. Zusammen radeln wir im Nieselregen auf den Schauinsland, Freiburgs Hausberg, hoch – jetzt gibt es kein Zurück mehr. Schweigen, Kurbeln, Mut fassen. Ich bin froh, gerade noch nicht alleine zu sein. Oben angekommen gilt es schnell ein erstes Kontrollfoto zu machen und die Regenklamotten anzuziehen, denn es wird gleich in die steile Abfahrt Richtung Münstertal gehen: die Stohrenstraße, die mit 18% Steigung bergauf schon kein Vergnügen ist, bergab im Regen aber auch nicht viel mehr Spaß macht.

Eine Abschiedsumarmung, ein letztes Winken und ich bin allein. Jetzt gibt es nur noch das Rad und mich.

Nach der kalten, nassen Abfahrt radle ich den nächsten Anstieg etwas stumpf vor mich hin: Das Münstertal hoch, eine kleine Ebene wieder runter und dann die Stichstraße zum Belchenhaus auf 1414 Hm wieder rauf. Dort mache ich das nächste Kontrollfoto und schaue, dass ich schnell wieder runter komme.

Es regnet immer mehr, sodass ich schon jetzt klatschnass bin. Zusätzlich wird es hier oben immer kälter und angenehmer.

Die folgenden Berge im Schwarzwald radeln sich wie von selbst – zu gut kenne ich aufgrund etlicher vergangener Streifzüge durch diese Region schon jeden Kilometer, jeden Anstieg und jede Kurve. Kurz vor der Dunkelheit komme ich in Laufenburg an – Grenzübergang der Erste. Ich muss erstmal irgendwo rein ins Warme und Essen fassen, bevor es weiter durchs Schweizer Jura geht. Dass mich dort unangenehm miese, steile Steigungen von teils 20 % und schmerzhafter erwarten ist mir noch zu gut im Gedächtnis geblieben - es gilt also, bisher verlorene Körner aufzuholen.

Mittlerweile ist es dunkel geworden. Alles was ich finde ist ein griechisches Restaurant – ich freue mich über Gemüse mit gebackenem Feta und tanke kurz auf. Ungläubige Blicke verfolgen mich. Ich muss wahrlich komisch aussehen – klatschnass und in voller Radmontour inklusive Rucksack, Lampen und Sicherheitsweste bilde ich wohl einen ziemlichen Kontrast zu dem üblichen Samstagabendpublikum hier. Wahrscheinlich miefe ich auch schon ziemlich. Aber egal. Als die Wirte mitbekommen was ich so vorhabe (ich bin mir unschlüssig ob sie mir wirklich glauben) wollen sie meine Radflaschen erstmal mit einem guten Ouzo füllen. Dankend ziehe ich dann doch lieber Wasser vor – ich bin mir nicht sicher ob mich zahlreich gehäufte Pinchen an Schnaps in meiner Radflasche jetzt nicht doch vom Sattel hauen würden.

Also geht es weiter, wieder raus in die Nacht und in Richtung dem zweiten Belchen, dem Schweizer Bölchen. Es geht steil bergauf und bergab durchs Schweizer Jura. Ich sehe nichts und trete einfach vor mich hin. Es trätscht, schifft, rahnt einfach nur. Wenigstens brauche ich keine Angst mehr davor zu haben durchnässt zu sein, ich bin es nämlich schon längst und dieser Zustand wird sich in den nächsten Stunden laut Wetterbericht auch nicht großartig ändern.

In Eptingen (an diesen Ort habe ich nur gute Erinnerungen – nachdem ich auf meiner ersten, "eigenen" Belchentour hier im heftigsten Gewitter von einer superlieben Familie aufgenommen und durchgefüttert wurde – samt Bett, Dusche, Schlaf – habe ich schon längst immer wieder vorgehabt hier mal wieder vorbeizuschauen, doch jetzt ist leider die falsche Uhrzeit, es geht auf 24 Uhr zu und wecken möchte ich wirklich keinen) geht es endlich den Bölchen hoch.

Kaum dass ich es mich versehe, ist auch dieser Berg geschafft. Ab jetzt wird es spannend, da ich den nächsten Teil der Strecke nicht kenne und ab jetzt alles Neuland für mich ist. Im Dunkeln eine ziemliche Herausforderung. Oft muss ich anhalten und im Schein der Stirnlampe die laminierten Karten studieren, muss entscheiden ob genau diese kleine Straße jetzt die richtige oder nicht und den folgenden Steigungen dann klaglos folgen.

Teils ist es so steil, dass ich tatsächlich absteigen und schieben muss – es geht nichts mehr. Manchmal muss ich lachen – denn es haut einen schier um.

Der nächste Teil geht wie im Film an mir vorbei, es geht weiter Richtung Chasseral, dem höchsten Berg des Schweizer Jura. Ich werde oft müde, schlafe beim Kurbeln fast ein, lege mich in Vorräumen von Banken und in Wartestellenhäuschen ab um kurz zu schlafen, versuche mich zu wärmen, denn es ist ziemlich kalt geworden mit Temperaturen an der Nullgradgrenze.

Nie hätte ich gedacht, dass man beim bergauf radeln einschlafen kann – aber man kann! Immer wieder motiviere ich mich zum weiter machen, radle solange, bis endlich, endlich die Sonne wieder aufgeht und der Himmel aufreißt. Wie gut die wärmenden Sonnenstrahlen tun - ich kann es kaum fassen. Morgens kann ich mir endlich irgendwo den lang ersehnten Kaffee besorgen. Das erträumte gute Frühstück wird abgelöst von meinen eigenen, selbst gemachten Energieriegeln, es findet sich hier im Nirgendwo absolut nichts, wo man Essen besorgen könnte.

Der Weg zum Chasseral zieht sich dazu ewig. Es geht wellig bergauf, bergab und immer begleitet von starkem Gegenwind. Teils ist es trocken, teils regnet es stark.

Ich kämpfe dennoch weiter.

Der Chasseral ist mit 1606 Hm der höchste Berg der Tour und verlangt mir ziemlich viel ab. Der Aufstieg ist lang, steil und vor allem eins: langweilig. Keine Serpentinen, die einen ablenken - stattdessen lange Geraden, die einem den Rhythmus aus den Beinen ziehen. Hinzu kommt der anhaltende, stetige Gegenwind. Teils ist er so stark, dass es mir fast den Lenker umhaut. Stoisch schalte ich ab und radle einfach nur.

Das Kontrollfoto am Gipfelturm tut nochmal richtig weh, denn es ist so kalt, dass ich kaum die Kamera bedienen kann. Selbst das Anziehen der warmen Klamotten wird eine Tortur. Am Rückweg halte ich schnell im Berghaus und gönne mir eine heiße Schokolade. Auch hier hatte ich mich eigentlich auf mehr, sprich auf Kuchen, gefreut – leider Fehlanzeige. Es ist durch viele Besucher laut und ungemütlich drinnen und ich will nur schnell wieder weiter, die eiskalte Abfahrt hinter mich bringen.

Das Wetter bessert sich langsam und endlich kommt die letzte „Etappe" – der Weg in die Vogesen! Auf diesen Abschnitt habe ich mich am meisten gefreut – es geht durch das Tal des Doubs, einen Fluss, der sich durch das französische Jura schlängelt und faszinierende Landschaften birgt.

Es geht hier über Hochebenen mit fantastischen Ausblicken in Richtung Vogesen und durch tiefe Täler, die sich ins Land einschneiden.

Die spektakuläre Abfahrt in eine Schlucht, durch die sich der Doubs zieht, genieße ich in vollen Zügen. Es geht auf den Abend zu und die Sonne scheint mir ins Gesicht, ich bin jetzt voll in meinem Element und freue mich auf das, was noch kommt.

Unten in der Schlucht geht es über eine kleine Brücke über den Fluss, hier würde ich am liebsten bleiben, mich ans Ufer hocken, den Campingkocher auspacken, etwas Warmes köcheln und einfach nur schlafen, schlafen, schlafen. Aber die Sonne geht gleich unter und ich muss zusehen, dass ich weiter komme. Die bisherigen Powernaps haben mich schon zu viel an Zeit gekostet und ich muss weiter.

Den nächsten Abschnitt habe ich dann einfach wirklich unterschätzt. Nachdem ich gute 1,5 Stunden damit verbracht habe aus dem Tal des Doubs wieder herauszukommen (ich musste den steilen Weg laufen und das Rad schieben, zu steil war es mit durchgängig guten 18 % und mehr und zu leer waren die Beine von den bisherigen langen und steilen Anstiegen), geht es im Folgenden durch eine irrsinnig lange Nacht durch die französische Ebene in Richtung Vogesen.

Es ist kalt und neblig, die feuchte Kälte kriecht mir in alle Knochen und Muskeln. Immer wieder muss ich vom Rad runter, mich hinlegen, in Straßengräben und auf Wiesen ablegen um kurz Schlaf nachzuholen. Meine dünne Rettungsdecke isoliert nur wenig, zu nass sind meine Klamotten und zu tief ist die Kälte bereits in alle Poren gekrochen. Meist wache ich von der Kälte wieder auf, es braucht immer einige Minuten bis ich mich wieder rühren kann, so steif sind alle Glieder geworden.

Weiter kurbeln.

Zwischendurch versuche ich, das geliehene GPS-Gerät in Gang zu bringen, stelle hier aber nur fest, dass ich es gar nicht richtig bedienen kann. Super. Ich ärgere mich wieder über mich selbst. Alles getreu dem Motto "wird schon funktionieren" gibt es leider manchmal Dinge, mit denen man sich doch vorher etwas mehr befassen sollte. So auch hier. Ich verliere die Geduld und radle nach der Karte weiter. Prompt fahre ich im Dunkeln gute 15 km ins falsche Seitental – ein Alptraum. Umkehren und zurückradeln, nicht weiter drüber nachdenken, nicht aufgeben.

Im Morgengrauen komme ich endlich in den Vogesen an. Der erste, wieder richtige Anstieg seit dem Chasseral verlangt einem gleich wieder alles ab. Ein kleines Natursträßchen schlängelt sich schmal den Berg hinauf. Hin und wieder gilt es einen Traktor zu überholen, was bedeutet: absteigen und schieben, denn die Straße ist zu schmal für beide. Aufsteigen und wieder in die Klickpedale zu kommen grenzt bei diesen steilen Anstiegen an ein Ding der Unmöglichkeit. Ich könnte lachen und weinen gleichzeitig, fluche und schreie wenn ich wieder mal abrutsche und mit dem Rad fast umkippe.

Wieso in aller Welt tue ich das alles bloß? Zweifel kommen und gehen. Sehnsucht nach Hause nagt an mir und der Gedanke an die Familie treibt mich an. Nicht das erste Mal wird mir überdeutlich bewusst, dass ich ohne solche starken Wurzeln in der Heimat zu derartigen Leistungen gar nicht fähig wäre – denn gerade in den härtesten Momenten schöpfe ich hieraus die meiste Kraft.

Die Vogesen halten noch etliche Berge für mich bereit – ab jetzt sind noch 160 km und 4000 zu bewältigen. Fast schon Endspurt!

Ich muss oft an das Zeitlimit denken – die Zeit drängt. Schaffe ich die 54 Stunden? Spätestens kurz vor dem Petit-Ballon, meinem liebsten Berg in den Vogesen, wird mir klar, dass ich es kaum mehr schaffen kann.

Zu viel Zeit habe ich mit dem Verfahren und Schlafen "vertrödelt", zu viel Kraft hat mich der Regen und die Kälte gekostet. Aber nichts desto trotz: Ich werde es zumindest schaffen können, diese Tour zu beenden! Wenn ich jetzt durchhalte, kann ich den Belchensatt endlich "abhaken" und zur Ruhe kommen lassen.

Kurz vorm Petit-Ballon stopfe ich den Rest Hirse und Nüsse in mich hinein. Die Riegel sind längst leer, viel Proviant habe ich nicht mehr. Der Plan, vor den Vogesen nochmal einzukaufen und eventuell auch was Warmes zwischen die Zähne zu bekommen wurde durch schlechtes Timing zerstört – es war zu früh am Morgen und alle kleinen Läden, an denen ich vorbei radelte, hatten noch geschlossen.

Nicht mal ein französisches Baguette war aufzutreiben – ein Unding.

Ich telefoniere mit Th, gebe ihm Bescheid, dass es mir gut geht und ich es fast geschafft habe. Er will mir entgegenradeln und mir die letzten langen Kilometer durch die Rheinebene zurück nach Freiburg beistehen. Wie froh ich bin, endlich jemand Bekanntes zu sehen, zu reden, mich mitzuteilen, nicht mehr alleine zu sein!

Zu realisieren, dass ich das jetzt wirklich geschafft habe – so gut wie!

In Osenberg am Fuße der Vogesen treffen wir uns, mitgebracht hat er selbstgemachte Riegel, aber ich kann kaum mehr etwas essen, will endlich nur noch ankommen. Die letzten 70 Kilometer, die flach und langweilig sind, fahren wir im Dunkeln zusammen. Immer wieder muss ich anhalten, schlafe ein, mag einfach nicht mehr. Immer wieder redet er gut auf mich ein, macht mir Mut, hält mich fest wenn ich im Stand zur Seite kippe und drohe umzufallen, weil der Schlaf meinen Körper langsam besiegt. Mit aller Macht versuche ich durchzuhalten, bin aber kaum mehr bei mir. Ich will heimfahren, mir ist es egal ob ich ankomme, alles ist egal - will nur noch schlafen.

Und dann, gegen 24 Uhr, stehe ich endlich am Martinstor. Gute 58 Stunden nachdem ich Samstagmittag gestartet bin, habe ich es tatsächlich und entgegen aller Erwartungen geschafft. Ich bin fix und fertig, fahre mit Th heim, dusche, bekomme ein warmes Essen und sehe zu, dass ich nach 4 Stunden Schlaf morgens um 8 Uhr morgens wieder an der Arbeit stehe und meinen Notdienst ableisten kann.

Mit Schlafmangel, müden, geschwollenen Augen und Beinen - aber voll mit diesen wahnsinnigen Grenzerfahrungen stehe ich dann dort, voll mit dem Stolz, es tatsächlich geschafft zu haben und überwältigt von den Landschaften, die sich mir in den letzten 58 Stunden gezeigt haben.

Chronik Belchensatt Oktober 2016

Start: Samstag 14 Uhr

Ankunft: Montag 23.56 Uhr

Strecke: 689,94 km

Höhenmeter: 13349

Reine Fahrzeit: 41,32 Stunden

⌈Was bleibt, sind nicht nur Zahlen und Fakten – was bleibt, sind vor allem massive Erinnerungen, Erkenntnisse und die Erfahrung, dass ich alles schaffen kann, wenn ich es nur will. Dass man mit seiner Willensstärke über sich hinaus wachsen kann und man nur daran glauben muss.⌋

Man muss keine fast 700 km am Stück radeln um diese Erkenntnis zu machen – es geht vor allem darum, bei jeder Herausforderung im Leben seine Willensstärke nicht zu verlieren. Es geht darum, dass wir, wenn wir uns etwas vorgenommen haben, es auch durchziehen können, so widrig alle Gegebenheiten auch sein mögen. Als ich am Morgen des Belchensatt wach wurde und nur Regen und Kälte sah, war mir klar, dass es nicht perfekt werden würde. Dass es hart werden würde und mir eine ziemliche Odyssee bevorstand. Doch was sollte ich tun? Ich war diese Strecke schon so oft im Kopf abgefahren, hatte mich mental so gut darauf vorbereitet, dass mein Fokus einfach zu stark war, um es zu Ende zu bringen. Ich musste einfach losradeln, um den Traum zu vervollständigen.

Es ging gar nicht anders.

Und natürlich waren da Zweifel – es gab Zweifel über mein Handeln, meine Ideen, mein Vorhaben. Zweifel daran, was jetzt eigentlich der Sinn dabei ist, sich bei diesem Wetter auf eine so endlos lange Radtour zu begeben. Auch mit dem Hintergrund, dass mein Schlafmangel der vergangenen Wochen es mir nicht leichter machen würde.

Noch Jahre nach dieser Tour kann ich von den Erkenntnissen aus ihr zehren. Wann immer ich mich schwer damit tue, etwas durchzuhalten, kommt es mir in den Sinn, dass ich mich schon durch Härteres hindurch gezwängt habe. Ich ziehe hier jedoch den Unterschied zwischen Dingen, die ich mir selbst als Herausforderung auferlegt habe oder die das Schicksal mir entgegen wirft und jenen Dingen, die mir andere vermeintlich aufzwängen wollen.

– Denn das ist das Wichtige dabei: Mein Willen ist eisern, wenn es darum geht, für etwas einzustehen, für das ich wirklich brenne. Mein Wille ist jedoch nicht eisern und stark, wenn ich für andere einfach nur funktionieren muss. Dieser Punkt liegt mir am Herzen zu erwähnen – denn wir müssen uns nicht quälen für etwas, das wir nicht wirklich wollen. Niemals hätte ich den Belchensatt fahren wollen und können, wenn es nicht mein eigener Traum gewesen wäre. Die Motivation wäre eine ganz andere gewesen. Es ist wichtig, das zu erkennen. Wie lange geißeln sich viele in den Motiven anderer, opfern sich für die Träume anderer auf und vergeuden ihre Willensstärke anstatt sie für sich selbst zu nutzen?

Jeder von uns ist stark genug, um genau die Herausforderungen zu meistern, die für ihn bestimmt sind. Nicht mehr und nicht weniger. Mit jeder Herausforderung bekommt man die Chance, zu wachsen und sich weiter zu entwickeln – und das ist unglaublich spannend zu erfahren. Kommt raus aus dem Schneckenhaus und erfahrt, wie stark ihr wirklich seid. Man mag damit womöglich anecken, Neid erfahren und vielleicht Missgunst erleiden müssen – doch haltet durch! Zwischen all denen, die es euch nicht gönnen wollen – gibt es auch immer jene, die selbstlos an euch glauben und sich aufrichtig für euch freuen. Und auf diese Menschen kommt es an – denn diese Menschen könnt ihr wiederum inspirieren und motivieren. Ohne es zu merken, wirst du eine Hilfe für all jene sein, die bereit sind zu erkennen, was man von anderen lernen kann. Hab also keine Angst vor dieser Stärke, die dort in dir steckt. Geh raus und lebe sie. Geh raus und trau dich. Du wirst wachsen und du wirst dich entfalten, du wirst dich entwickeln. Und du wirst es niemals wieder vergessen.

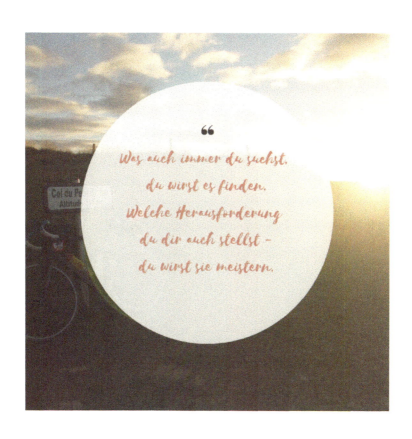

[reflections – minds & thoughts]

[reflections – minds & thoughts]

Selbstvielfalt.

Wir sind mehr als nur eins. Wir sind mehr als nur die Rolle, die wir auf der Arbeit spielen, die uns unser Alltag vorgibt, mehr als nur die Mutter, der Vater, die Schwester, der Bruder, der Sportler oder eben der oder die von nebenan.

Wir alle tragen in uns nicht nur dieses eine Talent, nicht nur diesen einen Wunsch, nicht nur diesen einen Gedanken – wir sind immer mehr als das, was wir glauben, zu sein. Es ist wichtig, sich ausbalanciert damit auseinander zu setzen, was alles in einem steckt. Wenn man mit sich umgeht wie mit einer auf Monokultur ausgelegten Landwirtschaft, werden die Kraftquellen in einem eines Tages versiegen – vor allem dann, wenn man auf diese eine Ressource und Kraft eines Tages nicht mehr zurückgreifen kann. Wenn man etwas gut kann und liebt, neigt man dazu, sich nur noch mit diesem einen zu identifizieren – alles, was man aus sich macht, was man von sich hält, hängt von diesem Status ab. Lange habe auch mich an solchen Dingen festgehalten. War es in der Vergangenheit eine Essstörung, die mir mein Glück durch mein mageres Aussehen vorgab oder später der Fakt, durch und durch Rennradlerin und Ultrasportlerin zu sein – all das ließ mich in einer ungesunden Abhängigkeit leben, die ich mir selbst geschaffen hatte. Meine Zufriedenheit und mein Glück waren abhängig von diesen äußeren Umständen. Entweder musste ich ein bestimmtes Aussehen haben oder eine bestimmte Anzahl von Kilometern gefahren sein, um glücklich und zufrieden sein zu sein. Brachen diese Komponenten in meinem Leben weg, so wurde es plötzlich ganz schön eng in mir drin. Ich stellte fest, dass ich wie in ein Loch fiel. Meine Ausgeglichenheit war so abhängig von äußeren Umständen geworden, dass ich es jetzt nicht mehr schaffte, sie auch ohne diese aufrecht zu erhalten.

Wir können,

wenn wir es gelernt haben,

uns immer wieder

auf unsere eigenen Ressourcen stützen

und aus diesen neue Kraft schöpfen.

Dafür müssen wir uns diese nur bewusst machen,

müssen herausfinden,

welche Stärken in uns liegen

und aus welchen wir

die meiste Kraft schöpfen können.

Wir sind so vielfältig,

verfügen über Talente & Charakterstärken,

die es sich einfach immer wieder lohnt,

zu entdecken und zu stärken.

Je öfter wir uns die Zeit & den Mut nehmen,

diese kennenzulernen und auszubauen,

desto freier & unabhängiger

fühlen wir uns.

Dies zu lernen, war wahrhaftig nicht leicht. Oft kam ich nicht freiwillig dazu, es zu lernen, sondern wurde durch mein Schicksal, Unfälle und äußere Umstände förmlich dazu „gezwungen", mich auch mit meinen anderen Ressourcen auseinander zu setzen und von diesem einen, starren Muster Abstand zu nehmen und mich zu trauen, auch andere Dinge zu entdecken. Weil wir die Sicherheit so lieben und brauchen, verharren wir oft in dem, was uns Sicherheit und das vermeintliche Glück schenkt. Wir wollen nicht scheitern, keine schlechten Erfahrungen machen und vor allem wollen wir nicht aktiv dafür verantwortlich sein.

Es kostet also auch hier wieder Kraft und Mut, aus dieser Art Trott herauszukommen. Doch es lohnt sich – denn es ist spannend. In jedem von uns schlummert so viel mehr und es ist es wert, auch eines Tages entdeckt zu werden.

Ich fühle noch zu gut diese Leere, dieses Bodenlose, diese Hektik, die mich erfasst hat, als ich plötzlich nicht mehr konnte wie ich wollte, wie ich es gewohnt war. Wie oft habe ich meine Zufriedenheit in eine Art Warteschleife gestellt – mir sie erst gegönnt, wenn ich meinen alten, bekannten Zustand wieder erreicht hatte.

Und wie sehr habe ich darunter gelitten.

Wir leiden, wenn wir uns an Dingen festhalten, die uns vermeintlich ausmachen, definieren. Und wir leiden noch viel mehr, wenn es nicht viele verschiedene Dinge sind, sondern nur eine einzige Sache. Wenn unsere Identität scheinbar von einem einzigen Ding abhängt. Zu erkennen, dass wir selbst dieses Leiden beenden können, ist der erste Schritt in die richtige Richtung. Wir müssen dafür loslassen und im Folgenden gut zu uns sein, denn wir müssen zu allererst akzeptieren, dass wir genauso, wie wir sind, genug sind.

⌈Denn wenn wir unser Leben
nachhaltig & langfristig bewusst leben wollen –
ist dies der einzige Weg:
auf uns selbst & all unsere Sinne
zu hören und ihnen
voll und ganz zu vertrauen,
mit allen Konsequenzen und Wandlungen,
die dieser Schritt mit sich bringt.
Der Verstand kann uns da schnell einen Strich
durch die Rechnung machen.
Er mag keine Veränderung,
keine Wandlung.
Hält sich immer wieder an
den altbekannten Dingen fest –
und hält uns dabei auf, verhindert, dass wir unser Leben
voll und ganz leben können.⌋

Dass wir genug sind, ohne alles andere um uns herum. Genug sind, ohne diese Hülle um uns herum. Genug sind - um unserer selbst willen. Es ist wie ein Mantra, dass wir uns tagtäglich vor Augen halten und befolgen sollten. Es heißt nicht, dass wir beginnen sollen, gar nichts mehr zu tun – es heißt viel mehr, dass wir, wenn unser Glück und unsere Zufriedenheit nicht mehr so sehr von diesen Dingen abhängen, viel freier leben können und im Folgenden unsere Ressourcen dann auch wieder wertschätzen können. Ohne Abhängigkeit werden wir wieder frei, frei und unbestimmt von den Dingen, mit denen wir uns eigentlich identifizieren.

Und wenn wir diesen Zustand erreicht haben, wird es uns auch möglich sein, zu entdecken, was da noch alles in uns steckt. Dass da noch viel mehr auf uns wartet, als uns bisher bewusst war. Dass da noch so viele Potentiale sind– so viele Ressourcen, die nur darauf warten, endlich ausgelebt zu werden.

Diese Zeilen schreibe ich mit einem gebrochenen linken Unterarm sowie einem frakturierten Mittelfußknochen. Hinter mir liegen unglaublich harte Wochen, mittlerweile Monate seit dem ersten Unfall und nur knappe zwei Wochen nach dem letzten. Wieder hat das Schicksal mir hier zeigen wollen, dass es noch eine Lektion zu lernen gibt, dass es gilt, noch tiefer zu schauen, was da noch alles in mir liegt.

Ich hätte das Radfahren, Langlaufen und alles andere, was mir sonst so am Herzen liegt, sehr gebraucht, um viele einschneidende Erlebnisse dieser Wochen und Monate verarbeiten zu können – doch konnte ich all diese Dinge nicht nutzen. Es hätte ein großes Leiden bedeuten können – doch habe ich mich dagegen entschieden. Ich ließ los und übte mich darin, andere Facetten auszuleben und mir selbst auch hier wieder erstmal genug zu sein - ohne all die anderen Dinge, die mir sonst soviel Sicherheit und Erfüllung gegeben haben.

⌈Und wieder hat es mich noch ein klein wenig stärker gemacht. Ich habe nicht nach dem Warum gefragt, ich habe nicht mit dem Schicksal gehadert. Ich habe es diesmal von der ersten Minute an akzeptiert und den Sinn für mich, für meine persönliche Entwicklung aus diesem Vorfall erkannt und weiter verfolgt. Denke ich an vergangene Unfälle in meinem Leben zurück, so bescherte ich mir das größte Leiden bisher immer dadurch, dass ich mich an all den vermeintlich verloren gegangenen Ressourcen festhielt und mich immer mehr in der nicht veränderbaren Situation festhielt.

Nehmen wir die Dinge an, wie sie sind - und nehmen wir allen voran zunächst mal uns an, wird uns das die Türen öffnen zu jenen Dingen, an die wir nie zuvor gedacht haben und an die wir in unseren kühnsten Träumen nie geglaubt hätten. ⌋

[reflections – minds & thoughts]

[reflections – minds & thoughts]

Selbsterkenntnis.

„Es fühlt sich ein wenig so an, als würde ich dir Lebewohl sagen. Als würde ich langsam, Stück für Stück, Abschied von dir nehmen. Und das, obwohl ich erst vor nicht allzu langer Zeit zu dir zurück gekehrt bin, nachdem ich dich schon einmal, mehr oder weniger freiwillig, verlassen hatte.

In dieser Zeit hatte ich Sehnsucht nach dir. Ich hatte Sehnsucht und das Gefühl, noch nicht ganz „fertig" mit dir zu sein. Ich ging fort von dir, ohne gewisse Träume und Vorstellungen mit dir gelebt zu haben. Ich kannte dich noch nicht so in- und auswendig, wie ich es mir immer erhofft hatte.

Und nun, nun keimt in mir langsam das Gefühl auf, dass ich dich gehen lassen kann. Zumindest für eine Weile, einige Monate, vielleicht auch einige Jahre. Ich lasse dich zurück mit der Gewissheit, dass du auch bei meiner Rückkehr noch da sein wirst und dass ich guten Gewissens eine Weile fortgehen kann. Es wird sich nicht viel ändern. Die Zeit wird genauso schnell vergehen wie vorher, deine Attraktivität wird nicht geringer werden.

Ich weiß, dass du ein besonderer Ort für mich bist und immer sein wirst. Ich habe hier bei dir gelernt, über meine Grenzen zu gehen, auf mich selbst vertrauen zu können und meine kühnsten Träume zu leben. Ich bin dir dankbar dafür, ich war bei dir immer frei.

Es ist ein besonderes Leben, das ich hier bei dir führen darf und kann.

Lange Zeit wollte ich dieses Leben nicht gehen lassen, doch jetzt langsam kommt die Zeit dafür. Du bist eine Heimat, aber nicht die einzige Heimat.

Es gibt noch viel mehr und so sehr ich alles an dir liebe – so sehr liebe ich jedoch auch den Rest der Welt, das Unterwegssein, das Entdecken neuer Orte und Plätze, das Gefühl, morgens nicht zu wissen wo man abends landet. Das Gefühl, jeden Morgen an einem neuen Ort erwachen zu können.

Dafür muss ich dich gehen lassen, denn deine Sicherheit und Zufriedenheit, die du mir vermittelst, machen mich bequem. Sie lassen mich nicht mehr nach mehr streben, sie lassen mich stagnieren – und ich möchte nicht stagnieren, ich möchte noch nicht sesshaft sein. Ich möchte zuhause sein, aber das bin ich auch bei mir. Meine wahre Heimat trage ich in mir, und so wirst du immer nur ein Teil dessen sein, aber niemals alles.

Ich kam zurück zu dir, um noch alles zu erledigen, was mich wieder gehen lassen kann. Jede freie Minute, die ich hatte, habe ich dir gewidmet, der Sehnsucht gewidmet, nochmal alles nur Mögliche an dir zu entdecken – und das war viel mehr als ich mir je erträumt habe.

Ich habe es damals nicht erkannt, aber jedes Mal, wenn ich eigentlich die Möglichkeit hatte, loszuziehen, hielt es mich doch an dir fest. Ich konnte es zu diesen Zeitpunkten kaum zulassen, denn es widersprach meiner Reiselust – doch jetzt, jetzt weiß ich wozu es gut war. Ich habe die Zeit mit dir genutzt, anstatt sie aufzuschieben.

Ich habe alles genutzt, was mir zur Verfügung stand, um jetzt frei zu sein. Frei davon, noch bei dir bleiben zu wollen, entgegen dem Willen, endlich loszuziehen.

Wie gut es sich anfühlt, Lebewohl sagen zu können. Wie gut es tut, endlich von dir lassen zu können. Es tut nicht mehr weh, wenn ich andere mit dir sehe – ich sehe es gerne, ich sehe dich gerne. Aber ich fühle mich nicht mehr zwanghaft zu dir hingezogen – und das ist eine unglaubliche, losgelöste Freiheit in mir.

Ich danke dir für alles. Ich danke dir dafür, dass ich bei dir sein kann, für deine Landschaften, deine Schönheit – für alles. Und ich sage dir Danke, wenn du immer noch da bist, sollte ich eines Tages wieder zu dir zurückkehren.
Es ist jetzt Zeit zu gehen – und es ist richtig so."

Es ist eine Geschichte der Selbsterkenntnis. Ich sage in einem Moment Lebewohl zu etwas, dass mich in meinem Leben tief geprägt und beeinflusst hat. Lebewohl zu einer Region, die mir mit den Jahren immer mehr ans Herz gewachsen ist und die ich bereits drei Mal im Leben als meine vorübergehende Wahlheimat auserkoren habe.

Dieser Text könnte alles Mögliche ansprechen. Es könnte eine Person ein, eine geliebte Sache, vielleicht eine langjährige Sucht – es könnte alles in Frage kommen, was man über lange Zeit aktiv immer wieder aufgesucht hat und von dem man einige Zeit vielleicht auch in einer gewissen Art und Weise abhängig war.

Ich war abhängig von meinem Leben im Schwarzwald, in Freiburg. Ich hatte mit dieser Region verknüpfte Träume, Ziele, Vorstellungen, von denen ich mich so schnell nicht trennen konnte. Als ich den Schwarzwald das erste Mal nach über 2 Jahren verließ, packte mich schon schnell das Heimweh danach und ich kam zurück – mit dem Wissen, dass ich noch nicht alles dort erlebt hatte was ich wollte, dass meine Vorstellung des Freiburger Lebens, das ich immer gerne hatte haben wollen, noch nicht vollkommen ausgelebt war. Ich nahm mir Zeit für meine neue, alte Heimat und irgendwie, irgendwie schaffte ich es plötzlich, wieder von ihr loszulassen. Nach einer längeren Zeit der Abwesenheit von dieser Region fühlte ich plötzlich, dass ich scheinbar frei geworden war – mein Herz war nicht mehr abhängig davon, in Freiburg zu sein – ich fand endlich auch anderswo meine innere

Stärke und Ausgeglichenheit, die ich vorher eng mit dem Schwarzwald und all meinen Aktivitäten dort verbunden hatte.

Ich war vorher ein Stück weit abhängig geworden und wusste das auch. Es war die Selbsterkenntnis, dass ich dies einfach akzeptierte und mit der ich mir diesen Zustand eingestand – weil ich ihn einfach brauchte und es mir gut damit ging. Doch wusste ich auch, dass mich dies auf lange Sicht gesehen auch aufhalten würde – denn ich wünschte mir noch mehr vom Leben als nur an diesem einen Fleck zu sein. Ich wollte noch mehr sehen, noch ungebundener sein, einfach noch nicht sesshaft werden.

Und auch herausfinden, ob diese Wahlheimat wirklich die richtige Heimat für mich ist. Ich wollte wieder offen sein für neue Regionen und diese nicht ständig unter den Vergleich mit dem Schwarzwald stellen wollen. Was mich diese Erkenntnis gelehrt hat, ist, dass es richtig ist, auf seine Bauchgefühle zu hören. Es hatte einen Grund, weshalb es mich zurückzog. Es hatte einen Sinn. Ich erkannte, dass ich nochmal zurückkehren musste, um mit vollem Herzen wieder loszuziehen und wirklich ohne Hadern und ohne Reue Lebewohl sagen zu können.

Ich erlaubte es mir, die noch fehlenden Träume zu verwirklichen, erlaubte es mir, dies so derart vollständig umzusetzen, dass es mir jetzt, wo es an der Zeit ist, loszuziehen und andere Träume wahr zu machen, auch wirklich möglich ist, loszulassen. Ich habe alles Mögliche getan, um nichts zwischen meine Träume und mich kommen zu lassen – auch wenn ich damit gegen den Strom schwimmen musste und bei manchen Mitmenschen vielleicht auf Neid und Missgunst traf. Nicht jeder gönnt es einem, wenn man es schafft oder zumindest versucht, sein Leben so erfüllt und achtsam wie nur möglich zu leben.

Ich habe für mich selbst erkannt, dass dies aber der richtige und einzige Weg für mich ist und dass nichts und niemand mich davon abbringen kann.

Es ist Selbsterkenntnis, wenn man realisiert, dass es einen Sinn hat, wenn man ein Bauchgefühl zu einer bestimmten Situation entwickelte und diesem unbedingt folgen wollte. Unsere Intuition ist, wie schon erwähnt, stark genug um uns richtig zu leiten. Wir können uns auf sie verlassen, sie täuscht uns nicht, niemals.

Auch die Selbsterkenntnis braucht Zeit. Manchmal wissen wir erst Jahre später, weshalb wir in diese oder jene Richtung gegangen sind. Wissen erst lange nicht, wofür eigentlich alles gut sein soll, was der wahre, tiefere Sinn hinter all diesem Tun und Handeln eigentlich ist. So wie all unsere Entscheidungen und Gedanken Zeit brauchen, um zu reifen und sich zu entwickeln, benötigt unsere Selbsterkenntnis Zeit zum Erkennen, Zeit zum Reflektieren und zum Realisieren. Es ist wieder eine Zeit, die wir uns aktiv nehmen müssen. Die uns im Alltag kaum vergönnt ist, die uns vermeintlich zwischen den Fingern zerrinnt. Es sind die Zeitinseln, die wir uns schaffen müssen, um klarer sehen und klarer erkennen zu können.

Wenn wir den Kontakt zu uns dadurch wieder herstellen können, gelingt es uns auch, all unsere Taten besser zu sehen und die Selbsterkenntnis zuzulassen. All das macht uns stark. Macht uns noch stärker als wir ohnehin schon sind. Denn wir erfahren Sinn, erfahren, dass unser Weg richtig ist, dass es einen Grund gibt und dass somit auch der weitere Weg nur richtig für uns sein kann. Egal, was er bereit halten mag, wir werden ihn beschreiten können.

[reflections – minds & thoughts]

[reflections – minds & thoughts]

So perfekt unperfekt.

„Mach`s perfekt"

Oh Hallo,

guten Morgen,

du auch schon wieder da.

Hallo,

„Mach`s perfekt".

Hallo, mein innerer Antreiber.

Schön, dich zu sehen,

aber weißt du was,

gerade jetzt, in diesem Moment,

ja, da passt es mir wirklich wahrlich schlecht.

Denn jetzt,

ja genau jetzt, bin ich einfach mal

so herrlich

perfekt unperfekt.

Mut zur Lücke, Mut zum Einfach sein, Mut zu Fehlern, Mut zum vor die Wand fahren. Hab Mut, auch einfach mal unperfekt zu sein. Meine größte innere Stimme und mein größter innerer Antreiber sind „Mach`s perfekt" und „Sei perfekt". Eine innerer Antreiber, der mich zeitlebens zu Leistung, Ehrgeiz und zum Durchhalten motiviert und angetrieben hat. Ein innerer Antreiber, dem ich bestimmt auch viel zu verdanken habe.
Aber auch einer, der mich manchmal über gesunde Grenzen hinaus zu hetzen vermag, der mich in den falschen Zeiten nicht in Ruhe lässt, der mir meine Gelassenheit raubt und der mich daran hindert, einfach auch mal losgelassen leben zu können.

⌈Ich kenne ihn –
und er
kennt mich.
Ich sage ihm Hallo –
& auf Wiedersehen,
wenn ich ihn
gerade nicht mehr
sehen mag.⌋

Ich lasse zu, dass ich auch mal nicht perfekt sein kann – und manchmal auch einfach nicht mehr mag. Und stelle fest, wie gut das gut.
Die Perfektion, nach der wir streben – es gibt sie nicht. Die Perfektion, von der wir uns so angezogen fühlen - sie füllt uns niemals aus. Die Perfektion, die uns vorgeschrieben wird – sie zehrt uns aus.
Denn wir sind Mensch, mit Leib und Seele. Wir sind Mensch, mit Fehlern, Kanten, Ecken. Mit Lücken, mit Irrwegen, mit Träumen, mit Erfahrungen, mit Trauer, mit Liebe. Wir dürfen Fehler machen, dürfen uns irren, dürfen auch einfach so perfekt unperfekt sein.

Wir brauchen Fehler und Irrwege, um uns weiter zu entwickeln und zu lernen. Wir brauchen ein gewisses Maß an „Try & Error" auf unserem Lebensweg, um uns immer wieder richtig auszutarieren und unsere Richtung neu zu überdenken und zu prüfen. Es ist noch kein Meister vom Himmel gefallen – dieser Satz ist so simpel wie er nun mal wahr ist.

Der Druck, dass wir immerzu perfekt sein müssen, er hemmt uns in unserer Kreativität. Wenn wir etwas auf den Punkt bringen müssen, so stehen wir oft da wie vor eine Wand gefahren. Jede Nervenzelle in unserem Kopf scheint sich vehemmt dagegen zu wehren, sich zu verknüpfen und Leistung zu erbringen. Und je mehr wir uns krampfhaft anstrengen, desto schwieriger wird es für uns, perfekt zu funktionieren.

Wir können aufhören, so dermaßen streng mit uns zu sein. Wir können aufhören, immer zu 100 % funktionieren zu wollen. Wir können aufhören, in diesem Streben nach Perfektion uns nur noch um uns selbst zu drehen.

Wir können stattdessen anfangen, losgelassen zu leben. Können anfangen, uns Fehler zuzumuten und einzugestehen um aus den daraus gewonnenen Erkenntnissen zu lernen und zu wachsen. Wir können anfangen, Mut zu gewinnen, mutig durchs Leben zu gehen. Können anfangen, mit dem Verstecken aufzuhören – denn wir müssen uns nicht verstecken, egal was wir tun, egal ob wir erfolgreich waren oder nicht. Wir können anfangen, einfach zu sein. Und damit glücklich zu sein.

Das Leben ist schön. Das Leben ist herrlich, egal ob wir perfekt oder unperfekt sind. Hab Ecken, Kanten, Falten, Rollen, Narben – jede davon ist einzigartig, gehört zu dir - jede davon ist dein Leben, deine Geschichte. Dein Wegweiser auf deinem Lebensweg.

[reflections - minds & thoughts]

[reflections – minds & thoughts]

Selbstwahrheit.

Da stehst du,

mein Herz,

und willst endlich mit mir reden.

Du stehst dort vor mir

& flehst mich förmlich an.

Du flehst mich an,

dir endlich Raum zu gewähren,

dir zuzuhören,

dich endlich zu beachten.

Doch ich schaue nicht hin,

kehre dir stattdessen den Rücken zu,

will nicht sehen,

nicht hören,

nicht wissen,

was du mir mitzuteilen hast.

Denn es wird wehtun.

Ich weiß das

& keiner von uns beiden

wird diese Tatsache jemals ändern können.

Denn deine Wahrheit -

sie ist auch meine Wahrheit.

Und ich möchte sie nicht wahrhaben,

noch nicht jetzt,

noch nicht hier,

noch nicht

in diesem Moment.

Ich möchte noch mehr Zeit.

Noch mehr Zeit,

in der ich einfach so tun kann,

als wenn es diese Wahrheit einfach nicht gäbe.

So tun kann,

als wäre alles in Ordnung.

So tun kann,

als ob ich ewig von dir weglaufen könnte.

Du flehst mich an

und du wirst immer lauter.

Verzweifelter, fordernder, unliebsamer.

So viel Verständnis,

wie du mir zu Beginn

noch entgegen brachtest,

so wenig kannst du jetzt davon noch fühlen.

All das Mitgefühl –

gleicht nunmehr

nur noch

einem Hauch an Herzlichkeit.

Ich will, ich will –

doch kann ich nicht.

Noch nicht.

Gib mir Zeit,

gib mir Raum,

gib mir Freiheit.

Gib mir die Freiheit,

meine Wahrheit

selbst zu finden,

auch wenn ich sie,

deiner Meinung nach,

schon jetzt

erfahren sollte.

Gib mir die Zeit,

den Mut zu finden,

dir zuzuhören,

die Wahrheit zu verstehen,

sie auch wirklich anzunehmen.

Die Realität, die da kommt,

ich will nicht unter ihr zerbrechen,

sie nicht nur aushalten,

nicht nur

vor ihr davon rennen müssen.

Ich will sie nutzen, annehmen, leben können.

Verstehst du das,

mein Herz?

Warte auf mich.
Du bist doch so viel stärker als ich.
Ich weiß,
dass du es besser weißt,
doch bin ich noch nicht so weit.
Sei dir gewiss,
dass ich dir folge –
nur eben noch nicht jetzt,
noch nicht heute,
noch nicht morgen.
Aber bald. Schon bald.
Ich brauche nur noch
ein bisschen mehr Zeit, ein bisschen mehr Mut,
ein bisschen mehr Raum.

Und dann,

und dann,

kann ich dir endlich folgen.

Ohne Wenn.

& ohne Aber.

Wir tragen alle diese eine Wahrheit in uns, die wir eines Tages finden müssen. Es die Wahrheit, vor der wir uns oft fürchten, die wir nicht wahrhaben wollen, vor der wir zeitlebens flüchten wollen. Wir leiden, weil wir vor unserer eigenen Realität, vor dem, was ist, einfach nur noch davon laufen möchten. Die Energie, die wir dabei verschwenden, kostet uns so viel mehr an Kraft, als es uns kosten würde, wenn wir einfach durch die Akzeptanz unserer Wahrheit hindurch gingen.

Was uns so viel Angst bereitet, ist die Tatsache, dass wir Dinge entdecken könnten, die uns wehtun, die uns schmerzen, die uns verzweifeln lassen und zu Boden reißen. Ich kann dir nicht versprechen, dass es nicht so sein wird. Doch ich kann dir versprechen, dass es sich lohnt, sich dieser Wahrheit zu stellen. Denn du wirst wachsen, du wirst dich weiter entwickeln können.

Wann immer wir uns unseren Ängsten stellen, müssen wir erst durch einen Prozess hindurch, der uns Kraft und Mut kostet. Doch wird dieser uns auch immer etwas zurück geben und uns aus unserer Stagnation herausziehen können. Unsere Wahrheit zu finden, sie zu sehen, sie uns einzugestehen – all das braucht Zeit, Kraft, Raum und wir müssen dazu bereit sein, uns auf diesen Weg zu begeben. Denn er wird immer Konsequenzen haben und nicht jede Konsequenz mag uns in unserem früheren Leben so sehr willkommen sein. Der Preis dafür ist jedoch ein wahres, ehrliches Leben im Einklang mit uns selbst – und im Umkehrschluss auch unserem Umfeld. Aus dieser Wahrheit heraus kann unser Vertrauen in uns selbst, unseren Glaube, und somit auch in all unsere Träume und Hoffnungen, wachsen und stark werden. Je ehrlicher wir mit uns selbst sind, desto authentischer, desto gefestigter können wir leben. All die Krisen, all die Herausforderungen und Schicksalsschläge – all diese werden uns natürlich nach wie vor umhauen, niederzwingen, uns zu Fall bringen. Doch wird es uns immer wieder leichter fallen, uns erneut aufzurichten und weiterzumachen.

⌈Wir wissen, wofür wir leben, wofür wir einstehen wollen und können und wieso es sich lohnt, sich all diesen Krisen und Herausforderungen zu stellen - so schwer sie auch sein mögen. Wir zerbrechen, doch wir sind dazu fähig, unsere inneren Scherben wieder aufzusammeln und zusammen zu setzen, ohne bleibenden, andauernden Schaden zu nehmen. Wir setzen sie zusammen und suchen Scherbe für Scherbe, Stück für Stück, jedes noch so kleine, zersprungene Teil unseres Selbst zusammen, bis wir endlich wieder ganz eins werden können.
Das ist die Resilienz, die in jedem von uns steckt. Die Stärke, auch durch die schwierigsten Zeiten hindurch zu gehen, ohne sich selbst zu verlieren und ohne zu vergessen, wie stark man ist und immer schon war.
Wir alle tragen diese Kraft in uns. Sie will gefunden werden und wird sichtbar, sobald wir unsere Wahrheit sehen, sie finden und sie voll und ganz leben.⌋

„

Unser wahres Selbst,
das eigentlich
immer da ist,
wir nur leider
viel zu selten zulassen.

[reflections – minds & thoughts]

[reflections – minds & thoughts]

Selbstbefreiung.

Wer sind wir - unter all den Schichten und all den Mauern, die wir rings um uns herum errichtet haben? Wer sind wir, wenn wir all das, langsam, Stück für Stück abtragen, abtrennen, abpellen und wir immer mehr unter all diese Oberflächen schauen können?

Wer sind wir dann?

Wer sind wir dann wirklich - und vor allem, wieso versuchen wir dieses Wir, dieses Ich, unser wahres Ich, so vehemmt unsichtbar und anantastbar zu machen?

Wir wollen uns schützen, wollen nicht verletzt werden. Je offener wir mit unseren Gedanken, Gefühlen, Werten und Meinungen sind, desto angreifbarer werden wir. Jede Aussage, jedes Wort trifft uns direkt – schutzlos, erbarmungslos. Nichts ist zwischen dem, was uns Angst macht und dem, was uns so lieb ist. Ohne ein Schutzschild würden wir direkt getroffen werden – mitten ins Herz, in unsere Seele, in das, was wir im tiefsten Inneren wirklich sind. Deswegen gewöhnen wir es uns schon früh an, Schichten aus Schutz und schier unzerstörbaren Mauern um uns herum zu bauen – damit wir niemals so zutiefst getroffen werden können. Wir mögen uns eine Zeit lang sehr wohl damit fühlen, denn so sind wir – vermeintlich - in Sicherheit. Der Panzer aus Steinen um uns herum macht uns zunächst unangreifbar. Wir haben die Kontrolle. Immer und jederzeit. Können dort tun und lassen, was wir wollen – und uns wird niemals, wirklich niemals jemand etwas anhaben können.

Tun und lassen was wir wollen. Tun und lassen was wir wollen. Tun und lassen was wir wollen.

Wir sind eingemauert. Umzingelt von Steinen und Beton. Umrahmt von endlosen Schichten aus Wänden und Schutzschildern. Können wir dort wirklich noch tun und lassen, was wir wollen?

⌜Ist es eng dort drin?

Bestimmt.

Ist es dunkel dort drin?

Wahrscheinlich.

Hört uns jemand hier?

Ich glaube nicht.

Können wir dort jemals glücklich werden?

Ich bezweifle es.⌟

Inmitten all dieser Schutzschilder verkümmern wir früher oder später wie eine Pflanze ohne ihr lebensnotwendiges Licht, ohne die Sonne. Die Sicherheit, die wir uns einst schaffen wollten – sie wird uns auf Dauer nicht genügen. Sie wird uns nicht glücklich machen. Wir werden vielleicht nicht mehr von außen verletzt werden können – unsere Seele wird aber dennoch leiden. Sie wird leiden, weil ihr jeglicher Input, jegliches Gefühl fehlen wird. Denn mit all dem Schlechten wird auch all das Gute fern von uns bleiben. Uns wird nichts mehr berühren, nichts mehr begeistern, wir werden nicht mehr lieben und wir werden irgendwann aufhören zu hoffen. Aufhören, zu träumen. Aufhören, zu leben.

All das Glück, es wird da verzweifelt vor unserer Türe stehen, klopfend, rufend und es wird vergeblich darauf warten, endlich von uns herein gelassen zu werden. Wir wollen das Glück, doch wir wollen keine Trauer. Wir wollen kein Unglück, kein Pech, keinen Schmerz. Die Angst vor Trauer, die Angst vor der Verzweiflung, die Angst vor der Angst. Keiner von uns will all das erleben – doch eines Tages müssen wir. Es ist wie Yin und Yan, Tag und Nacht, Schwarz und Weiß. Wir bekommen nicht immer nur die eine Seite – wir bekommen das Gesamtpaket aus beidem. Aus dem Guten – und dem Schlechten.

So ist das Leben. Und so hart und schwierig dies oftmals zu akzeptieren ist – es ist kein Weg, uns vor dieser Tatsache verschließen zu wollen. Wir spüren das Glück – und wissen, dass es nicht ewig anhält. Umso wichtiger ist es daher, dieses Glück so gut wie möglich im Inneren zu speichern. Da zu sein, im Jetzt zu leben, es mitzunehmen und auszuleben. Um sich eines Tages daran erinnern zu können, dass es Zeiten im Leben gab, an denen die Dinge rosiger aussahen. Dass es Zeiten gab, in denen das Leben schön war. Lebenswert. Unbeschwert. Wertvoll. Von Glück erfüllt. Waren wir dem Leben gegenüber offen und haben uns getraut, all das zuzulassen und zu erleben, so können unsere Erfahrungen und Erinnerungen uns durch die schwersten Zeiten hindurch tragen. Die Vielfalt im Leben – sie bleibt uns fern, wenn wir da in unserem selbst gestalteten Kerker hocken. Wenn wir uns in unserer vermeintlichen Sicherheit wähnen und uns vormachen, dass dies das Leben ist.

Gehen wir raus und fangen wir endlich an, wir selbst zu sein. Mit allen Konsequenzen, die dieser Schritt mit sich bringen wird. Offen darzulegen, wer man wirklich ist, heißt auch, sich selbst voll und ganz anzunehmen. Bei sich anzukommen und dazu zu stehen, wer man eben ist. Mit allen Macken und allen Kanten, mit all den Dingen, die eben nicht dem „Ideal" entsprechen. Mit all den Charakterzügen, die man sowieso schon längst hätte respektieren und wertschätzen sollen – so wie es auch unsere Familie und Freunde mit uns schon immer unabdinglich getan haben.

Es gibt Dinge,

die kannst du nicht verneinen.

Dinge,

die einfach nicht zu leugnen sind.

Dazu zählt vor allem,

wer du wirklich bist.

Wer du bist,

unter all deinen Schichten

& all deinen Mauern.

Reiss sie nieder,

pell sie ab.

Reiss sie nieder,

Stein für Stein.

Pell sie runter,

Schicht für Schicht.

Lass sie los, lass sie gehen.

Und dann fang an,

einfach nur du selbst zu sein.

⌈Du selbst sein. Du bist fähig dazu. Jederzeit. Du kannst jederzeit entscheiden, wer du sein willst: Das eingesperrte, langsam verkümmernde Ich oder das lebendige, dem Leben offen entgegengehende Ich. Du kannst dich selbst befreien. Niemand anderes kann das besser als du selbst. Nur du weißt, welche Steine du für den Aufbau deiner Mauern verwendet hast. Nur du weißt, wie du sie langsam, Stück für Stück, wieder auseinander tragen kannst. Nur du weißt, wann es Zeit ist, auch den letzten Stein endgültig beiseite zu räumen. Denn nur du weißt, wann dein wahres Ich endlich wieder wirklich frei sein kann.⌋

[reflections - minds & thoughts]

[reflections – minds & thoughts]

Losgelassenheit –
Abschied nehmen.

Das, was war, und das, was kommt. Wir haben es nicht in der Hand. Dinge, die uns in der Vergangenheit belastet, aufgehalten und verletzt haben – wir müssen sie eines Tages gehen, ziehen lassen. Wir müssen Abschied nehmen von ihnen, von all den Erinnerungen, von der Haltung, die wir durch sie übernommen haben. Abschied nehmen von all den Mustern, von all den Zwängen, die wir im Laufe der Zeit als Aufhalter und Mauern identifiziert haben.
Wir müssen uns davon lösen und uns trauen, ohne all diese Mechanismen weiterzuleben. Auch wenn wir sie vermeintlich noch zum Überleben brauchen – wir können dies auch ohne sie. Mehr noch, wir müssen ohne sie!

Wachsen, Wandel und Weiterentwicklung funktioniert nur, wenn wir uns von unserem Ballast lösen. Es gilt, herauszufinden, was uns noch gut tut, was uns hilft, was nützlich ist und, wie ich es gerne nenne – was uns nährt. Wenn dir etwas Energie schenkt, anstatt sie dir zu rauben, dann ist es gut für dich. Unsere Ressourcen sind nicht endlos und wir tragen die Verantwortung dafür, gut auf sie Acht zu geben. Das heißt auch, herauszufinden, was unsere Ressourcen angreift, was sie auszehrt und was uns unserer Energie beraubt.
All das können wir getrost weglassen. Wie als wenn wir unseren Kleiderschrank entrümpeln, so können wir auch in unserem Inneren aufräumen. Was kann bleiben – und was darf und muss gehen. Aussortieren, abwägen, sich frei machen von all der Last, all den festgefahrenen Dingen, all den Mustern, Menschen, Gefühlen, Erinnerungen – von all den Dingen, die uns einfach nur noch schwermütig machen. Lassen wir los davon. Nicht alles geht sofort. Vieles braucht – wie so oft – seine Zeit. Manchmal müssen wir uns eine gewisse Zeit

eingestehen, in der wir Abschied nehmen. Nicht alles können wir einfach so „aus uns heraus werfen". Nicht für alles steht da eine Mülltonne neben uns, der wir uns einfach bedienen können. Wir sind Menschen und funktionieren nicht auf Knopfdruck. Bei all unserem Vorgehen, unserem Handeln - wir müssen uns Zeit geben, uns damit auseinander zu setzen.

Ein Abschied ist nur dann ein Abschied, wenn wir ihn voll und ganz ausleben. Wenn wir bereit dafür sind. Wir müssen fähig sind, etwas zu betrauern um eines Tages damit abschließen zu können, anstatt in einer endlosen Trauerperiode hängen zu bleiben. Diese kommt dann, wenn wir einfach noch nicht bereit für den Abschied waren. Wenn wir noch nicht bereit waren und unser Loslassens noch gar nicht zu 100 % auf unserem eigenen Willen beruhte, wir vielleicht einfach auf einen Ratschlag gehört oder wir uns selbst gesagt haben: „Du solltest langsam mal loslassen!".
Das funktioniert so eben nicht.
Wir müssen loslassen *wollen*. Müssen selbst *fühlen*, wenn es der richtige Zeitpunkt ist. Niemand kann uns dazu drängen. Niemandem sind wir dafür Rechenschaft schuldig. Und niemand kann uns dabei reinreden, wann und wenn es dann endlich soweit ist.
Es ist nicht leicht, sich einzugestehen, sich von gewissen Dingen trennen zu müssen. Vieles hat uns teils jahrelang, teils auch schon unser Leben lang begleitet und vieles ist nun mal einfach auch ein beständiger Teil von uns. Und dennoch – eines Tages muss alles gehen. Und wenn wir unser Leben voll und ganz auskosten wollen, wenn wir unsere eigene Entwicklung wirklich lenken wollen, dann kommen wir um diese – teils auch schmerzhaften – Abschiede nicht umher. Früher oder später werden sie in uns allen immer ein Gefühl der Erleichterung, der Freiheit und der Wandlung hervorrufen – doch nicht immer treten diese erhofften Gefühle sofort auf.

Trauer, Schmerz, Tränen – all das kann dazu gehören. Und das ist okay so. Es darf sein. Und oft muss es so sein. Das Gefühl, scheinbar ins Bodenlose zu fallen, es ist niemals schön. Doch werden wir nicht ewig fallen. Wir werden eines Tages wieder neuen Boden unter den Füßen spüren, der fester, nachhaltiger und langfristiger, ökonomischer für uns ist, als wir es uns jemals vorstellen konnten.
Wandlung ist Abschied. Wandlung ist Befreiung. Wandlung ist Loslassen. Wandlung ist die Tür zu neuen Möglichkeiten – und wenn du diese auf deinem Lebensweg nutzt, dann wirst du gewinnen. Du wirst für dich die Zufriedenheit und das Glück gewinnen, das du immer gesucht hast.

⌈Auf der Reise des Lebens
und auf deinem Lebenspfad
wird es immer wieder Abschiede geben.
Die ständige Weiterentwicklung
und das „sich immer wieder neu finden"
wird immer wieder erfordern,
dass wir Altes gehen lassen
und Neuem die Türe öffnen.⌋

Auf dem Weg zu unseren Träumen müssen wir diese Kompromisse eingehen. Was wir loslassen, macht uns das frei. Was wir loslassen, wird ersetzt durch Dinge, die uns ebenso erfüllen können. Dinge, die uns wirklicher und tiefgründiger erfüllen können.
Die Potentiale, die du im Zuge dessen entdeckst – trau dich, sie zu leben. Trau dich, sie immer mehr zu entfalten, Stück für Stück. Gib auf sie Acht, schätze sie und lass sie dir nicht schlecht reden. Umgib dich mit Menschen und Dingen, die dich nähren, die dich stützen. Sortiere aus, was dir Energie entzieht, was dich aufhält. Es gibt keinen Grund, solche Dinge in unser Leben hineinzulassen – nicht, wenn es uns nicht gut tut.

⌜Sei offen für all die Veränderungen, die kommen werden. Schau nach rechts und links, doch lasse dich nicht von deinem Pfad abbringen.
Lass dich inspirieren und begeistern – doch vergiss nicht, dass auch du inspirieren und begeistern kannst. Das Wunder steckt nicht nur in deiner Umwelt und deinen Mitmenschen – auch du trägst es in dir. Du bist es dir wert, es zu entdecken und nach außen in die Welt zu tragen.

Hab keine Angst vor deiner Stärke. Hab keine Angst davor, nicht angenommen zu werden. Du bist nicht abhängig von der Akzeptanz anderer, solange du dich selbst akzeptierst, annimmst und liebst.
Sorge für dich. Umarme dich. Lass dich leben.
Vergiss nicht, wie kurz das Leben ist. Vergiss nicht, dass das Irgendwann ein Nie werden kann. Vergiss nicht, dass das Leben erst dadurch lebenswert wird, wenn man es in die eigenen Hände nimmt. Du willst doch leben – anstatt gelebt zu werden.

Geh achtsam und mutig deinen Pfad des Lebens. Benutz deine Flügel, um daraufhin ganz frei zu sein. Schlag dort Wurzeln, wo du verstärkt Halt benötigst. Verweile dort, wo du dich am wohlsten fühlst. Schau hin und wieder zurück, um nicht zu vergessen, was schon hinter dir liegt. Schau nach vorn, um die Hoffnung und die Vorfreude zu finden auf das, was da noch vor dir liegt.

Doch allem voran - schau ins Jetzt. Schau ins Hier. Schau in dein Herz. In dich. In deine Wahrheit. Sieh deine Stärke, deinen Mut, deinen Schatz. Sieh dein Mitgefühl, deine Erkenntnis, deine Achtsamkeit. Schau hin. Und leb.⌟

& dann tu so,

als wärst du einfach frei.

Lauf Meile um Meile, Schritt für Schritt,

laufe vorwärts,

als wenn dich nichts & niemand

mehr aufhalten kann.

Lauf, weil du weißt,

dass jeder Stillstand dich

ins Bodenlose ziehen würde.

Lauf, weil du weißt,

dass du nur so wirklich frei sein kannst.

Lauf, weil du weißt,

dass es der einzige Weg ist,

den du gehen kannst.

Lauf, mit dem Gewissen,

dass es die einzig wahre Richtung ist.

Meile um Meile,

Schritt für Schritt.

Meile um Meile,

weiter weg von dem,

was war & nur noch hin zu dem, was kommt.

Schritt für Schritt,

ein jeder davon achtsam.

Meile um Meile, Schritt für Schritt.

Die Distanz – so unbedeutend.

Die Schmerzen – nur relativ.

Das Ziel – so klar vor Augen.

Der Weg – Dein Leben.

Meile um Meile.

Ich lauf sie für dich.

Für die Freiheit.

Für das, was zählt.

Für das,

was wir das Leben nennen.

Für das,

was dir nicht ewig bleibt.

[reflections - minds & thoughts]

[reflections – minds & thoughts]

Danke!

An dieser Stelle möchte ich von Herzen Danke sagen.

Danke vor allem an & für meine Familie. Ihr seid alles für mich und ihr seid mein Leben.

„Keeping family in mind & heart conquers every distance."

Danke an meine Heimat. Du bist Kraftquelle, Inspiration und mein absoluter Ruhepol. Hier kann ich sein – wie ich bin und wie ich schon immer war.

Danke an Katharina – Süppi – meinen Seelenmenschen. Danke, dass du wieder in mein Leben getreten bist, es ist so viel wertvoller als zu den Zeiten, in denen ich dich noch vermissen musste. Du warst niemals wirklich fort & bist dennoch endlich wieder ganz und vollkommen da.

Danke an Ina & Christin – nach jedem einzelnen Kochabend mit euch bin ich wieder gestärkter und motivierter an all meine wilden Projekte gegangen. Eure Worte und Begeisterung haben mir immer weiter geholfen und mich nie zweifeln lassen. Ich hab euch lieb!

Danke an Martin Kettler, der mir bei meiner ersten Buchveröffentlichung mit Rat & Tat zur Seite stand und damit dazu beigetragen hat, meine erst so kleine Buchidee plötzlich real werden zu lassen.

Danke an all diejenigen, die ich auf Reisen, während meiner Coachingausbildung, einfach so unterwegs und durch Zufall kennen gelernt habe und die mich auf besondere Art & Weise inspiriert und angetrieben haben, mein Leben genauso weiterzuleben, wie ich es für richtig halte. Ihr wart der unvermeidliche Butterflyeffekt – dafür bin ich jedem von euch unglaublich dankbar!

Über tredition

EIN EIGENES BUCH VERÖFFENTLICHEN

tredition wurde 2006 in Hamburg gegründet. Seitdem hat tredition mehrere tausend Buchtitel veröffentlicht. Autoren veröffentlichen in wenigen leichten Schritten gedruckte Bücher, e-Books und audio-Books. tredition hat das Ziel, die beste und fairste Veröffentlichungsmöglichkeit für Autoren zu bieten.

tredition wurde mit der Erkenntnis gegründet, dass nur etwa jedes 200. bei Verlagen eingereichte Manuskript veröffentlicht wird. Dabei hat jedes Buch seinen Markt, also seine Leser. tredition sorgt dafür, dass für jedes Buch die Leserschaft auch erreicht wird.

Im einzigartigen Literatur-Netzwerk von tredition bieten zahlreiche Literatur-Partner (das sind Lektoren, Übersetzer, Hörbuchsprecher und Illustratoren) ihre Dienstleistung an, um Manuskripte zu verbessern oder die Vielfalt zu erhöhen. Autoren vereinbaren direkt mit den Literatur-Partnern die Konditionen ihrer Zusammenarbeit und partizipieren gemeinsam am Erfolg des Buches.

Das gesamte Verlagsprogramm von tredition ist bei allen stationären Buchhandlungen und Online-Buchhändlern wie z. B. Amazon erhältlich. e-Books stehen bei den führenden Online-Portalen (z. B. iBookstore von Apple oder Kindle von Amazon) zum Verkauf.

Jetzt ein Buch veröffentlichen: **www.tredition.de**

EINE BUCHREIHE ODER VERLAG GRÜNDEN

Seit 2009 bietet tredition sein Verlagskonzept auch als sogenanntes "White-Label" an. Das bedeutet, dass andere Personen oder Institutionen risikofrei und unkompliziert selbst zum Herausgeber von Büchern und Buchreihen unter eigener Marke werden können. tredition übernimmt dabei das komplette Herstellungs- und Distributionsrisiko.

Zahlreiche Zeitschriften-, Zeitungs- und Buchverlage, Universitäten, Forschungseinrichtungen, u.v.m. nutzen diese Dienstleistung von tredition, um unter eigener Marke ohne Risiko Bücher zu verlegen.

Alle Informationen im Internet: **www.tredition.de/Buchverlage**

tredition wurde mit mehreren Innovationspreisen ausgezeichnet, u. a. Webfuture Award und Innovationspreis der Buch-Digitale.

tredition ist Mitglied im Börsenverein des Deutschen Buchhandels